本成果受到重庆工商大学商科学术研究国际化促进计划、重庆工商大学专著出版基金资助，本成果为教育部人文社会科学重点研究基地重庆工商大学长江上游经济研究中心的科研成果

长江经济带生态公共产品合作供给机制重构与政策创新

余兴厚　著

中国财经出版传媒集团
中国财政经济出版社

图书在版编目（CIP）数据

长江经济带生态公共产品合作供给机制重构与政策创新 / 余兴厚著. -- 北京：中国财政经济出版社，2022.5
ISBN 978 - 7 - 5223 - 1256 - 9

Ⅰ.①长… Ⅱ.①余… Ⅲ.①长江经济带－公共物品－供给制－研究 Ⅳ.①F20

中国版本图书馆 CIP 数据核字（2022）第 046967 号

责任编辑：彭　波　　责任印制：史大鹏
封面设计：卜建辰　　责任校对：胡永立

中国财政经济出版社 出版
URL：http：//www.cfeph.cn
E - mail：cfeph@cfeph.cn

社址：北京市海淀区阜成路甲 28 号　邮政编码：100142
营销中心电话：010 - 88191522
天猫网店：中国财政经济出版社旗舰店
网址：https：//zgczjjcbs.tmall.com
北京财经印刷厂印刷　各地新华书店经销
成品尺寸：170mm×240mm　16 开　13 印张　201 000 字
2022 年 5 月第 1 版　2022 年 5 月北京第 1 次印刷
定价：68.00 元
ISBN 978 - 7 - 5223 - 1256 - 9
（图书出现印装问题，本社负责调换，电话：010 - 88190548）
本社质量投诉电话：010 - 88190744
打击盗版举报热线：010 - 88191661　QQ：2242791300

前　言

长江经济带是我国经济最发达的地带，覆盖云南、贵州、四川、重庆、湖北、湖南、江西、安徽，浙江、江苏、上海11个省市，横跨我国西南、华中和华东三大区域，面积约205.23万平方公里，占全国21.4%，人口和生产总值均超过全国的40%，集聚长三角城市群、长江中游城市群、成渝城市群、江淮城市群、滇中和黔中城市群6个城市群，地级以上城市50多个，长三角城市群更是我国经济发展的领头羊，因此，长江经济带是我国高密度的经济走廊（张慧等，2019）[1]。

长江经济带也是我国重要生态功能区，地跨热带、亚热带和暖温带，地貌类型复杂，生态系统类型多样，有川西河谷森林生态系统、南方亚热带常绿阔叶林森林生态系统、长江中下游湿地生态系统（朱琦等，2018）[2]，以及庞大的河湖水系，具有强大的涵养水源、繁育生物、释氧固碳、净化环境功能，维护了我国重要的生物基因宝库和生态安全；以其丰富的水土、森林、矿产、水能和航运资源，保障了国家的供水安全、粮食安全和能源安全①。因此，长江经济带生态环境安全对我国生态安全具有重要的战略支撑

① 长江水利网：www. cjw. gov. cn。

作用。

然而，长江经济带由于自然原因而引发的原生环境问题和由于人类活动引发的次生环境问题，使长江经济带生态环境面临严峻挑战。由自然原因而引发的原生环境问题，在长江上游地区主要是地震、水土流失、泥石流和石漠化等自然灾害问题；中游地区主要是多发的洪涝灾害；下游主要是河口三角洲的侵蚀问题（郭琳，2018）[3]。由人类活动而引发的次生环境问题，主要是大规模的工业化、城市化进程和粗放型经济增长模式，带来的高强度、过度化、无序化的开发利用和污染物的大量排放，造成长江流域生态功能退化严重、生物多样性维护功能下降、环境污染问题突出以及饮用水安全隐患明显等生态环境问题（郜志云等，2018；洪亚雄，2017；成金华和王然，2018）[4-6]。如毁林开荒引发的水土流失问题，拦河筑坝引发的生态环境破坏、水生物减损、湖泊枯竭、湿地退化问题，工农业发展带来的点源、面源污染所导致的饮用水安全、景观破坏、生物多样性破坏问题（郭琳，2018）[3]。

为此，2016 年 1 月习近平总书记在重庆市主持召开了推动长江经济带发展座谈会，明确提出推动长江经济带发展必须坚持生态优先、绿色发展的战略定位，强调必须以“共抓大保护，不搞大开发”的方式，科学、有序地搞好长江流域的可持续发展。2018 年 4 月，习近平总书记又在武汉市主持召开深入推动长江经济带发展座谈会上，再次强调“必须从中华民族长远利益考虑把修复长江生态环境摆在压倒性位置”“努力探索出一条生态优先，绿色发展的新路子”。

在习近平总书记重要讲话指导下，中央与地方政府先后出台了推进长江经济带生态优先、绿色发展的相关政策文件，加强了对生态环境治理机制的顶层设计、提出了推进生态环境合作治理政策举措，加大了对生态环境污染的环境监察与执法力度，区域生态环境治理的效果初现。

但是应该清醒地认识到，长江经济带生态环境保护与治理的任务十分艰巨，还面临着许多重要挑战。

一是长江经济带区域经济发展不平衡引发的赶超型经济会对生态环境保

护带来持续性的挑战；二是城镇化进程快速推进，建设用地规模的扩张，生态功能承载区域以及江河湖库生态空间被挤占带来的生态环境破碎化挑战；三是产业布局不尽合理，重化工业为主的产业布局，会对空气、水环境、土壤、湿地等生态环境带来污染与破坏；四是生态保护成本共担及利益共享机制不健全，生态补偿方式单一，政策效果差。因此，如何处理好经济发展与环境保护的关系，如何构建生态环境协同保护机制，充分发挥政府、市场、社会公益组织和个人作用，满足人民群众不断增长的对生态产品需求是实现长江经济带可持续发展的重要举措。

本书以推进长江经济带生态公共产品合作供给机制构建和政策创新为研究目标，遵循“理论研究—实证研究—对策研究”的逻辑思路，首先对生态公共产品的基本理论进行系统的阐释，对生态公共产品多元合作供给理论进行了比较深入的分析；其次对长江经济带生态环境承载力状况、生态公共产品多元合作供给状况以及居民生态环境治理的满意度状况进行了深入分析与评价；最后构建了我国生态公共产品合作供给机制，提出了生态公共产品合作供给政策措施，这对完善我国生态公共产品合作供给政策体系，为长江经济带各级政府制定流域生态环境合作治理相关政策，进一步落实习近平总书记“共抓大保护、不搞大开发”指示精神，推动长江经济带“生态优先、绿色发展”战略的实施，实现长江经济带可持续发展具有重要的理论与实践价值。

第一，本书力求探讨和回答长江经济带生态公共产品合作供给中的一些重要理论问题，为生态公共产品合作供给提供理论支持。长江经济带总的建设思路是走生态优先、绿色发展之路，坚持保护第一的原则，把修复长江生态环境摆在压倒性位置，共抓大保护、不搞大开发。显然，这一战略思路强化了长江经济带建设发展的生态硬约束。但是在长江经济带生态环境治理中长期存在着治理碎片化、无序化、效能低下等问题，迫切需要建立流域生态协调机制推动生态公共产品多元合作供给，构建起“一江同体，多元共治”局面。为此，需对生态公共产品合作供给相关理论进行系统的理论阐释。如：生态公共产品概念及内涵、生态公共产品内容与特征、生态公共产品的价值表现、决定与实现、生态公共产品多元供给方式、合作供给中多元主体职责划分及权责边界、合作供给机制设计、生态补偿理论与政策，以及与其他地区相比，长江经济带生态公共产品合作供给特殊性如何体现等问题。本书将对此进行分析阐释，剖析长江经济带生态公共产品合作供给重点与难点，为生态公共产品合作供给机制构建与政策创新提供理论支撑。

第二，本书致力于研究长江经济带生态环境状况、多元合作供给状况及生态治理的居民满意度状况评价，分析存在的问题及原因，为机制构建和政策制定提供现实依据。分别从生态环境压力、状态、响应三个维度构建长江经济带生态环境承载力水平的评价体系，运用熵权 TOPSIS 法分别从省域层面和市域层面对 2005～2019 年长江经济带生态环境承载力水平进行测度，基于测度结果，运用基尼系数、泰尔指数、对数离差均值等差异性评价指标分析了各大区域的差异性特征，并进一步运用空间自相关分析对其空间分布特征进行探究；从长江经济带生态公共产品多元合作供给状况入手，分析了政府与市场合作供给（PPP 模式）、政府间合作供给状况、政府与环保民间组织的合作供给现状及问题；以问卷形式就水环境、空气环境、土地环境、森林绿化环境、生物多样性等对长江经济带 11 个省市城乡居民满意度进行线上调研并运用结构方程模型分析其满意度影响因素，通过统计描述和计量分析，对长江经济带生态环境现状、多元合作成效及问题进行客观分析，对当前存在的新问题、新特点进行厘定和提炼。

第三，本书力求探讨长江经济带生态公共产品合作供给的机制重构与政策创新。针对生态公共产品合作供给中的体制、机制和政策问题，充分借鉴了发达国家流域生态环境和国内区域环境合作共治的典型案例与经验启示，对长江经济带生态公共产品合作供给机制进行了设计，分析了政策协同机制、信任合作机制、生态补偿机制、绩效评估机制、监督约束机制存在的问题，提出了构建五大机制的对策建议。针对我国跨流域生态公共产品合作供给的政策工具和调控手段缺失带来的系列问题，从多元合作供给的管理体制改革、法律制度、财政政策、绿色金融政策、市场化政策、信息化政策方面提出了完善举措，这不仅为新时代长江经济带生态公共产品多元合作供给与生态环境合作治理提供可供参考的方案，而且也可以为新时代新阶段其他流域的生态产品合作供给与协同治理政策措施提供借鉴。

第四，本书坚持问题导向，寻求多种问题的解决方案。运用政治学、管理学、经济学、法学、生态学、社会学等多学科理论与分析方法，构建了解决问题的理论分析框架和政策框架。在对生态公共产品及多元合作供给的理论阐释基础上运用经济学计量分析方法，对长江经济带生态环境承载力水平进行测度，采用基尼系数、泰尔指数、对数离差均值方法分析了上下游空间分布特征，以期对长江经济带生态环境概貌具有整体性了解，然后通过对长江经济带生态公共产品多元合作供给现状分析，全面总结多元合作供给取得的成效及存在的问题，最后通过城乡居民的生态满意度调查，从需求者的主观感知视角分析评价生态环境治理状况及问题。针对社会调研和实证分析结论，提出推动生态公共产品合作供给的机制重构建议与体制改革、政策创新措施。这对于拓宽生态公共产品合作供给的研究视野，推动多学科的交叉融合发展具有较为重要的参考价值。

本书是国家社科基金项目“长江经济带生态公共产品合作供给的机制重构与政策创新研究”（16BZZ075）最终成果，项目研究凝聚了项目组每个成员的智慧和心血。其中王宇昕博士完成了第三章长江经济带生态环境承载力评价与空间格局演变分析初稿的撰写，熊兴博士完成了第五章长江经济带生态治理满意度状况分析初稿的撰写，汪亚美博士、陈亚惠博士共同完成了第六章国外流域和国内区域环境合作治理案例及启示初稿的撰写，对他们的学术贡献表示最诚挚的感谢！特别感谢重庆工商大学对本书出版给予的专项资助！特别感谢重庆工商大学社科处莫溦老师、周洪老师对本书出版所付出的辛勤劳动！最后特别感谢中国财政经济出版社对本书的精心编辑。

限于学术水平与篇幅，本书挂一漏万之处在所难免，敬请各位专家学者指正！

作者

2021 年 12 月

目　　录

第一章　生态公共产品概念、内涵 …… 1

一、生态产品的提出 …… 1

二、生态公共产品概念与分类 …… 3

三、生态公共产品的特征 …… 6

四、生态公共产品的价值 …… 8

第二章　生态公共产品合作供给 …… 15

一、生态公共产品多元供给的依据 …… 15

二、生态公共产品供给多元化 …… 17

三、生态公共产品的多元合作供给 …… 23

四、政府间合作供给 …… 26

第三章　长江经济带生态环境承载力评价与空间格局演变 …… 33

一、长江经济带生态环境承载力评价的指标体系构建 …… 33

二、研究方法 …… 38

三、实证结果与分析 …… 42

四、研究结论 …… 74

第四章　长江经济带生态公共产品合作供给的现状与问题 …………………… 77
一、长江经济带生态公共产品合作供给 …………………………………… 77
二、长江经济带生态合作供给存在的问题 ………………………………… 89
三、存在问题的成因分析 …………………………………………………… 92

第五章　长江经济带生态治理满意度状况 …………………………………… 95
一、长江经济带生态治理满意度评价 ……………………………………… 96
二、长江经济带生态环境满意度影响因素分析 …………………………… 109

第六章　国外流域和国内区域生态环境合作治理案例及启示 ……………… 122
一、国外生态环境多元合作治理典型案例 ………………………………… 122
二、国内生态治理典型案例及效果 ………………………………………… 127

第七章　长江经济带生态公共产品合作供给机制构建研究 ………………… 133
一、政策协同机制构建 ……………………………………………………… 133
二、信任合作机制构建 ……………………………………………………… 139
三、生态补偿机制构建 ……………………………………………………… 142
四、绩效评估机制构建 ……………………………………………………… 149
五、监督约束机制构建 ……………………………………………………… 152

第八章　长江经济带生态公共产品合作政策措施 …………………………… 155
一、合作供给的生态环境管理体制改革 …………………………………… 155
二、合作供给法律制度建设 ………………………………………………… 160
三、合作供给的财政政策措施 ……………………………………………… 164
四、合作供给的绿色金融政策措施 ………………………………………… 171
五、合作供给的市场化政策措施 …………………………………………… 176
六、合作供给的信息化政策措施 …………………………………………… 181

参考文献 …………………………………………………………………………… 185

| 第一章 |

生态公共产品概念、内涵

生态公共产品是当前各级政府践行“绿水青山就是金山银山”理念时的一个重要概念，但目前学术界并没有将生态产品与生态公共产品这两个概念严格区分，常常混用在一起。为此，需要对概念内涵与外延进行界定，为多元合作供给的机制构建与政策设计提供理论依据。

一、生态产品的提出

生态产品在国外文献中，与之对应的表述为 Eco - label products（生态标签产品），与生态产品概念相关且研究较为丰富的是生态系统服务。对生态系统服务界定及研究较有代表性的是美国生态学家 Daily、Constanza。Daily（1997）[7]将生态系统服务定义为“生态系统与生态过程所形成的，维持人类生存的自然环境条件及其效用”。该界定认为生态系统服务为维持人类生存提供了自然环境条件和效用；生态服务的产生所依靠的是自然生态系统及形成的过程。Constanza（1998）[8]认为“生态系统服务功能就是生态系统为人类提供的产品和服务的统称，它代表着人类直接和间接从生态系统得到的利益”。MA（2005）[9]提出，生态系统服务是指人类从生态系统获得的各种惠益。联合国环境规划署将生态系统服务定义为“生态系统对人类效益的直接或间接贡献”（Sukhdew 等，2010）[10]。

生态问题引起中国学者的关注，始自联合国启动“千年生态系统评估”

(2001~2015) 国际合作项目，在2005年公开了《千年生态系统评估报告》，第一次披露了全球自然资源使用状况和生态环境退化现状，引起各国政府、学界和非政府组织关注，生态系统服务对人类生活的影响才引起社会各界的广泛关注，生态产品的概念由此逐渐进入公众视野。

关于生态产品的最早解释可以追溯到1992年，任耀武（1992）[11]对生态产品进行了初次界定，将生态产品界定为“通过生态工（农）艺生产出来的没有生态滞竭的安全可靠无公害的高档产品”，这一概念将生态产品界定为生态公益生产的无公害的工业品、农产品，即资源节约型、环境友好型产品。苏多杰教授（2001）[12]是国内最早提出生态公共产品概念的专家，她将清洁的空气、水、土地等界定为基本的生态公共产品。随后杨筠（2005）[13]在博士论文和期刊论文中对生态公共产品进行了界定，将森林、土地、水资源、草地等界定为生态产品。

2010年国务院发布的《全国主体功能区规划》，提出了生态产品的概念，这是首次在官方文件中提出该概念并对其内涵进行了界定，认为“人类需求既包括对农产品、工业品和服务产品的需求，也包括对清新空气、清洁水源、宜人气候等生态产品的需求，将生态产品与农产品、工业品和服务产品并列为人类生活所必需的、可消费的产品，将生态产品直接界定为清新的空气、洁净的水源、清洁的土壤和宜人的气候等”①。

随后，党和政府先后出台了有关推进生态环境保护，加强生态文明建设，增强生态产品生产能力，提高生态产品供给的政策文件，与此同时，党和国家领导人的讲话，强化了对生态产品的认识。

2013年4月，习近平总书记在海南考察时，提出了“良好生态环境是最公平的公共产品，是最普惠的民生福祉”的论断（光明日报评论员，2014）[14]，把生态环境当作公平的公共产品与民生福祉等同。随后习近平总书记在多次重要讲话中都强调过提供更多优质生态产品，实现其价值的重要性。

2014年7月，李克强总理给在贵阳举办的生态文明国际论坛的贺信中提出了“把良好生态环境作为公共产品向全民提供”的观点②。提出政府要下

① 《全国主体功能区规划》，2011年6月8日，http://www.gov.cn/zwgk。

② 李克强：把良好生态环境作为公共产品向全民提供，2014年7月11日，新华网 www.xinhuanet.com/politics/2014-07/11/c_1111577951.htm。

大力气防治空气雾霾和水、土壤污染，推进能源资源生产和消费方式变革，继续实施重大生态工程。

党和政府文件以及领导人讲话，将生态产品范围界定为空气、水源、土壤和气候，尽管没有“公共”二字，但实际上是指生态公共产品。

随着生态公共产品概念进入党和国家领导人的视野并迅速得到传播，从此以后国内形成了对生态产品的研究热点。

二、生态公共产品概念与分类

（一）生态公共产品概念

国内学术界认为生态产品既然是公共产品构成部分，自然离不开萨缪尔森对公共产品的定义。即具有非排他性、非竞争性，满足社会生态公共需求产品，包括清新空气、清洁水源、宜人气候、优美景观。

但对生态公共产品的内涵认识上则有不同看法：

1. 将生态公共产品看作自然生态系统服务

夏光（2012）[15]，孙庆刚等（2015）[16]认为“生态公共产品就是通过生态系统提供的服务”，自然生态系统具有“调节局部气候、稳定物质循环、持续提供生态资源、为人类提供生存条件等多种功能”。强调自然界具有生产人类所需要的生态服务的能力，这些服务“并非人类劳动所创作，但它同样具有价值，人类在享用这些服务时，要像享受市场上提供的其他服务一样支付费用”。

2. 认为生态公共产品是环境产品

将人类劳动生产与自然界活动有机结合所形成的生态环境改善产品也称为生态产品。随着经济发展，人类生态需求与生态供给矛盾越来越尖锐，生态供给难以满足不断增长的生态需求，迫切需要人类通过自身的活动，并借助自然的力量生产生态产品，并不断改进质量。这种由人类后天治理过的生态环境被称之为环境产品（王爱民，2005）[17]。人类通过保护和改善环境、维护生态平衡、保障人体健康而生产和提供的各种产品和服务，是人类进行环境产品生产重要目的（孙庆刚等，2015）[16]。

3. 将生态产品区分为广义与狭义产品

广义的生态产品不仅包括纯自然生产的生态系统服务，还包括有人类参与生产所形成的农林产品，都称为生态产品。诸如有机食品、绿色农产品、木材等，以及与人类劳动有着间接因果联系的无形产品，诸如空气、地表水、优美环境、宜人气候、生态安全等，一般将自然生态系统服务称为狭义的生态产品（朱久兴，2008；陈辞，2014）[18-19]。

随着研究持续，一些学者将生态产品的范围更加扩大，不仅包括自然生态系统提供的生态服务，或生态生产提供的生态服务，而且包括人类生产的产品，形成包括生态设计产品、生态标签产品以及生态供给服务、调节服务、支持服务和社会服务等在内的一个连续的“生态产品束”（马涛，2012；黄如良，2015）[20-21]。

通过对学术界关于生态产品定义分析发现，生态产品概念的根本差异在于生态产品是通过生物生产的纯自然的产品和服务，还是附加了人类劳动的产品。无论是由生物生产还是由生物和人类共同生产的生态产品，都是在经济发展与生态、资源等矛盾的日益凸显，人民对美好生活的诉求升级中应运而生的，两者是可以并存不悖的。

本研究认为，生态公共产品是包括自然生物生产的自然环境产品和人类与自然共同作用生产用以满足人类生态公共需求的最终产品或服务的总称，是与农产品、林产品、文化品并列的生活必需品。生态公共产品包括生态自然产品：清新空气、清洁水源、安全土壤、宜人气候；生态安全产品：空气与水污染治理与调节、水土保护、物种保护、生态系统修复后所提供的生态服务。

这一界定将生态公共产品与生态物质产品（生态农林产品）、文化产品（旅游休闲、健康休养）相对应，将生态公共产品认定为自然生态系统通过生物生产提供的产品，人类劳动与自然生态系统合作生产提供的产品、人类对生态环境保护修复而提供的服务都属于生态公共产品的范畴。

（二）生态公共产品分类

1. 按产品形态划分

按产品的形态可划分为生态有形产品与生态无形产品。生态公共产品是自然界中存在的人人都可以加以利用的资源。如空气、水、湿地、森林等。这些产品是有形的，如森林、湿地、水等自然资源，包括了森林、湿地、水生态公共产品等类型。有形的生态产品人们可以运用一定的工具进行测度量化与价值评估核算，而有形生态产品若揭开它的有形外衣，能使人们感受到生态公共产品的教育、历史、文化、激励价值以及人与自然和谐共生的哲学思想，这些有形产品背后折射出来的无形的但能够感觉得到的东西，就是无形生态产品。

学者刘尧飞和沈杰（2019）[22]按照产品的表现形态将生态公共产品划分为物质形态的生态产品和服务形态的生态产品，认为物质形态生态产品在安全、绿色、环保等方面能够满足人们对美好生活多层次、多样化的需求；服务形态的生态产品能够为人类社会的生存、永续发展提供各种支持服务，与人类福祉关系更是重大。两种产品“对于人们的生活、健康和人类社会的永续发展都极端重要”（刘尧飞和沈杰，2019）[22]。

2. 按产品的受益范围划分

依据产品受益范围可将生态产品划分为全球性生态产品、全国性生态公共产品以及区域性生态公共产品（樊继达，2013）[23]。全球性生态产品是公共产品概念在国际范围的延伸和拓展，它是在国际范围能够使世界所有人口都受益的生态产品，如臭氧层保护、全球减排国际合作、生物多样性保护等。全国性生态公共产品是指受益范围为全国人民的生态产品。如国家生态保护区、大江大河保护与治理等。区域性生态公共产品是指受益范围仅在一个区域范围内的生态产品。如几个地方共有的流域、湖泊等的保护与治理。

3. 按产品的属性划分

按照产品属性可将生态公共产品划分为生态纯公共产品、生态准公共产品。

一是生态纯公共产品，具有非排他性、非竞争性以及不可分割性，主要由政府主导进行保护和修复，这类产品由于存在市场失灵，政府承担主要供给责任。例如清新空气、清洁水源、宜人气候、优美景观等。二是生态准公共产品，具有非竞争性但表现出有限制的排他性，或在消费上具有竞争性但无法有效地排他，这类产品也称为俱乐部产品，此类产品涉及主体众多、利益复杂，需要多元治理，具有进入市场进行交易的基础。

三、生态公共产品的特征

（一）非排他性与非竞争性

对于公共产品的非排他性与非竞争性，萨缪尔森（1954，1955）[24]进行了经典论述，即每个人消费这样的物品，不会导致别人对该物品消费的减少，公共产品在效用上具有不可分割性。非排他性就是说公共物品一旦提供，不管该产品提供者是否愿意让其他人也消费该产品，在该产品的效应覆盖范围和区域内，人人都能够“消费”该产品，提供者要想排除某个消费者均存在技术上和成本上的障碍而不可能。非竞争性是指任何人对公共产品的消费都不影响其他消费者的利益。也就是说增加一个人的消费不影响其他消费者的消费数量和质量，这种共同消费行为不存在消费中的拥挤现象，也不会增加社会成本，其新增消费者使用该产品的边际成本为零。生态公共产品作为公共产品中的一个类别，同样具有非竞争性和非排他性特征。

当然现实生活中，还有大量的生态公共产品具有非排他性和非竞争性两个特点中的一个，另一个特点不具备或不完全具备，或者虽然两个特点都不完全具备但却具有较大的外部效益的产品。如具有一定排他性但非竞争性的准生态公共产品（生态旅游等），表现在使用上具有一定的排他性，但在一定限度内，并不存在着消费的竞争性。具有一定竞争性但非排他性的准生态公共产品（天然的草坪、地下饮用水等），表现在使用上不具有排他性，但在一定范围内，却存在着消费的竞争性，正如美国生态学家哈丁所描绘的

“公地”问题一样，在公地上每个人都有使用的权利，但当对“公地”的消费超过了“公地”的承载力时，就会出现“公地悲剧”。

（二）不可分割性

生态公共产品具有不可分割的属性，如洁净的空气、优良的水质、茂密的森林、碧蓝的天空所形成的优美环境，作为一个整体向社会提供，在消费上也是作为一个整体供社会共同消费，不会像物质产品那样可分割成为细小单位供不同消费者消费。

（三）效益的外溢性

生态公共产品所提供的生态效益不仅可以无偿地为本辖区居民服务，而且还会产生溢出效应使相邻区域得到惠益。如流域水生态治理、植树造林、减少碳排放等举措所带来的生态效益会外溢到流域下游地区或相邻区域。也就是说生态公共产品提供的服务既可以为本地服务、也可以异地受益和全球共享。

（四）资源稀缺性

生态公共产品作为一种自然资源与丰富的物质产品和文化产品不同，具有天然的稀缺性。生态公共产品的稀缺性取决于生态资源的有限性与人类对生态资源需求无限扩大间的矛盾。自工业革命以来，随着人类对物质财富的无止境攫取，对自然资源索取的无限扩大，生态环境遭到破坏的程度达到人类历史的最高峰，导致生态资源存量大幅下降，生态公共产品的供给能力已严重不足，生态足迹量大幅下降。当代随着可持续发展理念逐步成为社会共识，生态环境问题被政府和社会所关注，人类过度利用或破坏的行为在逐步减少，生态保护和生态修复力度增加，生态系统功能在逐步得到恢复。但是应该看到，人类所存在的不断提高生活水平的愿望需求与自然资源存量不断下降的矛盾短时间难以解决，加剧了自然生态资源的稀缺性。

四、生态公共产品的价值

（一）生态公共产品价值决定

马克思主义经济理论有两个经典论断：一是物质资料的生产是人类社会存在和发展基础。社会生产分为物质资料生产部门和非物质资料生产部门，只有从事物质资料生产的劳动者的劳动创造价值，非物质生产部门劳动者劳动则不创造价值，只参与财富的分配，其部门劳动者的收入来源于物质生产部门劳动者创造价值的再分配。二是商品的价值是一般人类劳动或抽象劳动的凝结，商品的价值量是由生产商品的社会必要劳动时间决定的。

马克思关于商品概念的提出及价值的决定是基于一般商品经济的视角，马克思所处的时代还处于资本主义机器大工业时代，经济学关注的是资本收益率，马克思关注的是怎样揭示资本的本质属性和剩余价值的来源，还没有公共产品的概念及相关理论阐释，公共产品概念的提出是边际革命以后的事情，而这一概念的盛行则是在第二次世界大战以后，经济学界通常用效用价值论来分析公共产品价值决定问题。如果把所有用来交换的能够满足人们需要的劳动成果，不管是有形的还是无形的，都视为商品，那么商品的概念就不再是狭义的，而是广义的。广义的商品可分为两类，一类是私人商品（也就是马克思所界定的商品），另一类是公共商品（有的学者直接把 public goods 翻译成公共商品）（吴俊培，1994）[25]。这样，运用劳动二重性学说来分析公共产品内在价值形成就是顺理成章的事（李森，2012）[26]。因为从生态公共产品的形成来看，可以分为两类，一类通过人类劳动作用于自然，通过人类与自然共同活动形成的生态产品，另一类是依靠自然生态系统内部的循环运动由生物生产的生态公共产品。第一类生态产品是通过节能减排，植树造林、治土治沙治水治废，实施生态保护、生态修复提供清新的空气，洁净水质、茂密的森林从而形成优美的生态环境，这种人类的生态劳动是否形成价值？

马克思的劳动价值论解决了劳动产品的价值源泉问题。但马克思所说的生产劳动只包括人类生产，即专属于人类有目的的社会生产活动以及生产活动未完成需在流通领域继续的劳动，而不包括从事第三产业服务者的劳动，更不包括自然界本身生物生产产品的能力。

马克思的经典论断无疑是正确的。因为马克思所处的时代是机器大工业时代，人类的物质生产活动主要表现为农业、工业等物质生产部门生产劳动产品的活动，第三产业或服务业还不是很发达，提出物质生产部门劳动者创造价值，第三产业劳动者不创造价值，只参与价值分配符合那个时代的客观实际，在理论上可以自圆其说。但是随着现代科技进步，经济社会的高速发展，人类社会需求更加高层次与多样化，对现代服务业的需求不断增长，第三产业得到快速发展，特别是西方发达国家现代服务业成为国家经济的主导产业，越来越多的劳动者从事着服务业工作，他们创造的财富占 GDP 的贡献率达到 70% ~80%，而从事物质资料生产的劳动者已经相对甚至绝对减少，物质资料生产领域的劳动生产率大大提高，单位时间内物质资料生产部门的劳动者创造的价值总量并没有增加，单位商品的价值量下降（赵有信和陈宝松，2003）[27]。因此，现代社会财富的庞大堆积和商品价值总量的增长，很难用马克思关于只有物质生产部门劳动者创造价值的理论观点解释今天的社会状况。

对生态公共产品而言，它的生产离不开人类对自然的保护、恢复与经营，“从‘看得见的数量、空间管理’向‘看不见的质量、生态环境内涵性管理’转变”（郧文聚和桑玲玲，2018）[28]，人类为生态环境保护与治理，既提供了生产性劳动，也提供了管理与服务。因此，有必要将生态建设、人类对自然生态系统的经营管理以及为保护生态放弃发展这种无形的劳动，纳入人类生产中，并与物质生产部门劳动者一样创造价值（黎元生，2018）[29]。

为此，党的十八大报告明确提出“良好生态环境是人和社会持续发展的根本基础”，在提出“加大自然生态系统和环境保护力度”举措的同时，还提出“要实施重大生态修复工程，增强生态产品生产能力，推进荒漠化、石漠化、水土流失综合治理，扩大森林、湖泊、湿地面积，保护生物多样性”。这是党的十八大报告首次把生态环境治理与保护作为生态产品生产行为，也是党的报告首次把改善生态环境的行为等同于生产行为，其劳动也属于生产性劳动，这为从事生态环境保护的劳动者劳动创造价值提供了政策理论依据。

另一种生态公共产品是指生态系统通过生物生产过程为人类提供的自然产品，包括清新空气、干净水源、安全土壤和清洁海洋等人居环境产品和物种保育、气候变化调节和生态系统减灾等维系生态安全的产品（张林波等，2019）[30]。对于生物生产是指生态系统的第一性生产、次级生产以及能量流动、物质循环和信息传递，称为生物生产（张林波等，2019）[30]。而经过生物生产过程为人类提供的自然产品，自然也是生态公共产品的一部分，它的价值怎样决定，是学术界需要研究的一个问题。

除了马克思劳动价值论之外，边际学派的产生，提供了边际效用价值论。效用论者认为价值由物品的效用和稀缺性共同决定的（孟奎，2013）[31]。生态产品的非替代性、经济稀缺性是其价值产生的前提和基础，这一类产品的价值决定可以用效用价值论加以分析说明。

（二）生态公共产品价值表现

生态公共产品的价值组成是生态公共产品价值实现需要。它的价值表现为生态经济价值、生态伦理价值、生态的功能价值、生态文化价值四个方面。

从经济学角度看，生态价值主要是由生态资源稀缺性决定的。随着人类社会发展，人类对生态公共产品的需求不断增长，特别是科技进步和社会生产力的发展，自然生物的生产和再生产已无法满足人类对良好生态产品的需要，人类需要投入大量的必要劳动对自然生态系统进行保护与修复，对自然物质进行简单与扩大再生产，并运用市场机制让生态产品参与流通和交换。这种社会再生产过程与凝结在商品中的一般的无差别的人类劳动或抽象的人类劳动一样，使得生态公共产品具有了经济价值，这就是生态公共产品所具有的生态经济价值。

从哲学角度看，生态系统作为包括人在内的生命有机体生存和发展的基础，人与自然之间长期存在着相互联系、相互依存的关系。正如马克思所讲人是自然界的一部分，人离不开自然界，要靠自然界生活，但要随时保护与修复自然界以适应人类生活，因此人类必须与自然和谐相处，如果改造自然、破坏自然，人类社会与自然环境就会失去平衡，人类可持续发展就会受到影响，因此，社会、经济、自然生态系统，是人与自然和谐共生的一种形态，由自然、经济和社会三种子系统组成一个复合生态系统，其理论的核心是生态整合，通过结构调整和功能整合，协调三个子系统及其内部组成部分的关系，使三个子系统的耦合关系和谐有序，实现以人为主体的经济社会系统和以自然为客体的自然生态系统和谐相处，协调共生，这就是生态公共产品的生态伦理价值（蒋高明，2018）[32]。

从生物学角度看，整个自然生态系统存在着生命能量转换，有机物的贮存、释放和再分配，养分循环，水循环净化和分配等多种环节的生命支持系统，在这一系统中许多物种的联合行动和相互作用，给人类创造了一个适宜的生存条件和环境。生物多样性是生态产品的构成部分，也是生态产品产生的基础性条件。如果生物多样性丧失将会降低生态系统服务的频率和容量，极大地阻碍生态系统的循环，从而带来极端环境和灾害事件并降低区域生态产品生产力。如果没有自然界提供的这些生态服务，人类将不可能生存与发展。因此，生态公共产品的生态功能价值，表现为人类与自然界其他物种都必须依赖于作为整体的自然系统才能生存。自然生态系统整体的稳定平衡是一切自然物（包括人类）存在的必要条件，在这个意义上说，自然物以及自然生态系统的整体对人的生存具有生态功能价值。

从文化学角度看，Costanza 将生态系统服务分为 17 种类型，其中文化和游憩归属于文化服务功能（Costanza 等，1998）[8]。2005 年千年生态系统评估（MA）项目发表的报告中，将生态系统服务分为支持、调节、供给和文化服务 4 类，其中文化服务被定义为“人们通过精神满足、认知发展、思考、消遣和美学体验而从生态系统获得的非物质收益”（MA，2003）[33]。“人类从自然景观、珍稀物种、自然遗产、生物多样性等自然生态系统或生态产品中获得的非物质效用和惠益，体现在精神与宗教、娱乐与生态旅游、美学、激励、教育、故土情结和文化继承等功能上”等均可以看成生态产品文化价值的具体体现（MA，2005）[9]。因此，生态系统的文化价值以人的需求导向，通过人的主观感知和心理满足，显著影响人类身心健康、精神文化等福祉的提升（Haines 和 Postchin，2012）[34]。随着人类对生态公共产品需求的日益增长，对生态公共产品文化服务的内在价值需求越来越大，挖掘生态公共产品中文化价值，激发各项功能的服务潜力，不断满足人类精神文化和道德需求，这是提高生态公共产品供给不断满足多样化需求的目标所在。

（三）生态公共产品价值实现

由于生态公共产品所具有的外部性特性，存在集体行动逻辑和“搭便车”机会主义行为，导致“公地悲剧”的出现，西方公共经济学家哈丁、科斯、奥斯特罗姆等早有论述。为此，为了生态环境保护和永续发展，需要通过生态公共产品的价值实现，补偿对社会生态环境保护所付出的劳动，实现由“绿水青山”向“金山银山”的转变。

生态公共产品的价值与其他商品的价值一样，看不见摸不着，但这并不等于说它的价值就不存在了，生态公共产品与商品价值一样需要通过价值形式表现出来，它的价值表现就是价格，在交易市场，生态公共产品的价值通过货币表现出来，这与其他商品一样，需要实现马克思在《资本论》中所讲的“惊险的跳跃”。在一般商品的价值转化为价格过程中，市场机制内在规律价值规律和供求规律起着决定与调节作用，与一般商品不同的是由于生态公共产品分为生态纯公共产品与准公共产品，价值实现表现为不同形式。

生态纯公共产品由于具有正外部性和社会公益性，能够满足社会公众不断增长的对优良生态环境的需求，如天然林保护、水土保护、湿地保护，水生态保护、生物多样性保护、自然保护区划定、土地沙漠化治理等对区域、国家乃至全球生态系统都会产生惠益，但是由于这类保护与治理耗资巨大，政府作为土地所有者，能够充分发挥资金、规模优势，通常这类公共产品只能通过政府投资来扩大其供给并实现其价值（王斌，2019）[35]。其实现路径是发挥政府机制的作用，政府通过购买生态产品，将本应由自身承担生态公共产品的生产的相关工作通过转移支付以生态保护补偿方式来完成，并根据择定者或者中标者所提供的生态产品（服务）的数量和质量，相应支付费用的相关政策安排（黎元生和胡熠，2015）[36]。它包括以上级政府财政转移支付为主要方式的纵向生态补偿、流域上下游跨区域的横向生态补偿、中央财政资金支持的各类生态建设工程、对农牧民生态保护进行的个人补贴补助。

政府购买类型包括：一是转移支付和以工代赈，这是最常用和最成熟的政府财政投入方式，直接将资金按照特定的标准拨付给生态产品的生产者，如天然林保护工程、国家重点生态功能区建设。二是生态补贴，例如退耕还林补贴、植树造林补贴、水产增殖放流补贴等，对从事上述这些生态建设活动的个人或集体按照其完成的工作量予以补贴。三是生态补偿，往往按照流域上下游地区之间水资源的分配额度，由下游所在地政府向上游地区政府支付资金，以维持稳定洁净的水资源供应。四是依托林权或水权的赎买、租赁、置换、地役权合同等方式，流转集体土地、经济林、水源地，恢复和扩大自然生态空间。五是生态保护管理协议，对承包特定区域开展生态保护与管理的个人或集体，通过协议方式支付管护经费。六是生态修复工程投入，通过政府与社会资本合作（PPP）或工程采购施工（EPC）等模式，由政府向生态修复工程承包商让渡一定利润空间。七是财税优惠政策，即对生态保护和修复等生态产品生产者予以税收减免或提供补助金，推动其适度盈利以实现持续发展（王斌，2019）[35]。八是政府购买社会公益组织服务，为组织提供运作资金，购置或租赁相应的专业环保监测仪器用于承揽环保标准鉴定事项，为社会提供真实、可靠的环保达标清单，同时还负责动物保护、湿地保护等一些精准环保工作。

准生态公共产品是介于纯生态产品与私人生态产品之间的产品，又称为俱乐部产品。这类产品易产生过度消费和搭便车现象，产生“拥挤效应”和“过度使用”问题，如区域水生态治理、城市给排水公共服务、社区垃圾收集和处理、农田土壤肥力修复、生态旅游环境打造维护等。由于这部分产品在属性上具有不完全意义上的非竞争性或非排他性以及外部性特征，需要政府的适当介入，并通过多种公私伙伴关系生产，这样既能通过私人经营获得收益，又能提升生态公共产品的供给能力（黎元生和胡熠，2015）[36]。由于这部分产品的外溢范围局限于特定的某一区域，因此，政府市场混合路径是其价值实现的主要方式（张林波等，2021）[37]。

准生态公共产品具有比较明确的产权或权属关系，使用受益人群或企业机构明确，可以通过市场化机制在产权人和受益人之间开展直接交易。其价值实现的路径可以采用生态权益交易、资源配额交易等方式。生态权益交易可以分为生态服务付费和污染排放许可证交易、资源开发许可证交易。资源配额交易又可以分为总量配额交易和开发配额交易两类（张林波等，2021；高晓龙等，2020）[37-38]。

生态公共产品价值实现，需构建一套生态公共产品价值核算规范，建立起价值核算的指标体系、计算方法、数据来源和统计口径，达到生态公共产品价值核算科学化、规范化，进而为价值实现奠定基础。

| 第二章 |

生态公共产品合作供给

随着当前我国社会主要矛盾发生重要变化，人民群众对美好生活的需求日益增加，在生态环境上表现为对优质生态产品的需求不断增长。因此，增加优质生态产品的供给，使人民群众公平享有发展成果是社会公平的应有之义。对此，推动多元主体的密切合作提供优质生态产品成为当前经济社会建设领域的一项重要工作。因此，如何科学界定生态产品供给的责任、权力、利益边界，实现责权利合理配置是亟待解决的一个重要问题。

一、生态公共产品多元供给的依据

多元供给就是政府、市场、第三部门（生态公益组织、非营利组织）、个人等多元供给主体在特定的空间范围内为实现共同目标，彼此相互配合提供生态公共产品的一种联合行动、方式。

生态公共产品的形成一部分来源于自然力的作用，如大自然的森林、湿地、草原等生态资源所带来的清洁水源、清新空气、稳定适宜气候等本属于自然资源的一部分（孙庆刚等，2015）[16]。这类生态公共产品是自然生产的结果，人类未施加劳动在上面。另一部分则来源于人类劳动，即人类有意识的活动实现人力、物力、智力投入，以修复生态系统，保护生态环境、增强生态功能等途径（李亚伟，2019）[39]，为人类提高生态系统服务，这就是人类通过生产提供（供给）部分生态产品的结果，是人类劳动的成果之一。

生态公共产品的非竞争性意味着人们在消费获得利益的同时，并不影响其他消费者从中获益，即增加一个消费者边际成本为零，按照市场有效配置资源的原理就不能向消费者收费，但消费者消费的这些产品是有成本的，因此，基于理性“经济人”的假设生产者就没有足够的意愿去提供该类产品。而非排他性意味着在无论是否付费的情况下消费者均可以顺利消费，这就使人们产生一种“搭便车”心理，希望由他人来承担付费成本。鉴于该产品具有的这两方面的特征以及公共产品所表现的公共性，市场不能有效地提供这类产品而出现“市场失灵”，只能由代表公共利益的政府来弥补市场的这一缺陷，因此，供给生态公共产品是政府义不容辞的职责。

必须看到在现实生活中，非竞争性与非排他性二者同时绝对具备的纯公共产品少之又少，而大量的却以准公共产品（俱乐部产品）存在，在其消费上则具有非竞争性或不完全的非竞争性，也可能具有排他性，或存在一定的竞争性，但可能存在非排他性，对于这类产品政府与市场合作供给是可行的方式。因为这类产品如果完全由政府无偿供给，在“免费搭车”心理驱使下，消费者过度的消费会造成资源极大的浪费，进而出现大卫·休谟在1740年所提出的“公地悲剧”现象。单纯的政府供给可能带来垄断及效率低下，从而牺牲效率和公平，加上政府追求自身或组织利益的“经济人”角色带来寻租及腐败行为从而导致“政府失灵”。为解决这一问题可以通过收费降低拥挤性并使供给者获取收益，通过市场供给弥补政府供给的固有劣势。但如果完全依靠市场来进行供给，又会出现由资源配置不足而造成的效率损失。因此，应该选用政府供给与市场供给相结合的手段，以多主体供给的方式来降低公共产品供给过程中资源与效益的损失，进而有效提高供给的效率。

尽管在生态公共产品领域政府与市场是主要供给主体，但是存在“政府失灵”与“市场失灵”的“双失灵”现象，为了弥补“双失灵”现象带来的问题，生态公益民间组织和个人的供给就成为政府、市场供给以外的第三种力量，加上人类对生态公共产品需求的多样性、差异性、层次性，为生态民间公益组织和个人供给提供了依据。但是公益民间组织也存在“志愿失灵”现象，其在组织行为或价值取向上偏离非公共性现象，从而在满足社会多样化需求，提供生态公共产品上产生功能上和效率上的缺陷。萨拉蒙最早提出“志愿失灵”的概念，用以描述第三部门的机制失灵，其主要包括四个内容，即慈善不足、慈善的特殊主义、慈善的家长式作风和慈善的业余主义（孙辉和刘淑妍，2019）[40]。而政府又恰好在宏观规划、引导和指导第三部门解决上述这些问题方面具备明显优势。

在生态公共产品合作供给中，政府、市场、社会（社会公益组织、个人）三者在不同的场域代表着不同的机制和资源禀赋优势，政府的优势体现在代表性、合法性、资源获取能力以及科层的效率优势；市场代表着效率与资源优势；而社会则表示着志愿精神与第三部门组织运作的弹性化。当然各自都有明显的不足，政府机制的缺陷表现在对社会公益需求的回应性较慢以及灵活性较差，市场机制也存在损害公共利益行为，自愿机制同样存在偏离社会公共需求并损失效率情况，分别出现“政府失灵”“市场失灵”“志愿失灵”，为弥补各自“失灵”，客观上提供了多元主体合作的可能性（张小进，2012、2014）[41-42]。

二、生态公共产品供给多元化

（一）政府供给

政府供给就是政府作为生态公共产品的供给主体，通过生态购买免费向社会公众提供生态公共产品。

生态公共产品的供给关系社会公众的生态福利，体现了社会公共利益。作为公众利益的代表者政府承担着对自然资源及生态环境管理权责，承担着为社会不断提供优质生态公共产品的义务。近年来随着我国经济社会的迅速发展，人民群众对美好生活的需要愈发突出，其中对良好生态环境需求的表现尤为明显，但与此同时我国长期形成的粗放型经济增长模式，对生态环境形成了持续压力，造成饮用水污染、空气中PM2.5超标、草原沙化、生物多样性消失，严重影响和损害了人民群众的生态利益，迫切需要政府能够承担相应生态责任，这也是服务型政府建设的职责之一。

1. 政府供给的优势

一是政府通过科层制行政体制和威权模式，拥有着资源的有效集中、政令的垂直下达等先天优势，通过自上而下的行政命令和生态环保督察，可以有效地实现生态修复与生态治理。

二是政府利用政策制定权，通过制定财政、货币、收入分配、产业政策等多种政策手段和政策措施，推动各级政府部门保护生态环境，为社会提供优质生态公共服务。

三是政府拥有的公共权力有效保护生态资源产权，运用生态监督权、执法权调控生态行为，遏制生态环境破坏从而达到维护生态安全行为的目的，保障生态环境安全。

四是政府可利用庞大的公共财政资金，通过直接补贴、转移支付等手段实现生态治理和生态修复，为社会提供优质生态公共产品。

2. 政府供给的劣势

一是单纯由政府供给在总量和结构上难以满足人民群众对生态公共产品多样化需求。怎样客观把握人民群众的生态需求，实现生态供给与生态需求平衡，是政府供给需要首先解决的问题，但由于居民显示偏好机制和政府信息收集与处理，以及自上而下的决策机制问题，供需错配常常严重地影响了供给质量和效率。

二是政府的“经济人”角色使政府供给效率受到影响。追求自身利益最大化行为导致政府行为动机与行为目标与其经济目标和政治目标一致，即在“经济锦标赛”或“增长竞标赛”竞争中获胜，势必会更加注重财政支出的短期效应，政府倾向于将更多的优势资源与精力投入能直接、明显地促进地方经济增长的领域，导致政府生态供给受到影响（周黎安，2007）[43]。

三是政府间权责不明影响政府合作供给。政府间财权与事权的清晰界定，是明晰政府生态供给责任主体的保障。由于生态环境具有明显的外部性特征，因此良好生态环境的形成需要政府间合作共治，它既包括政府间纵向合作，也包括政府间横向合作。但无论怎样合作，首先需明确权责关系，纵向看就是财权与事权关系，横向看就是治理者与受益者的关系，即成本与收益关系。如果上级政府拥有更多财权，而将生态供给事权交由下级政府，或者流域上游政府治理，供给优质生态产品，下游政府只享受而不付出，即流域政府间成本分担与利益补偿机制未形成，就会严重影响政府间合作供给。

3. 政府供给的方式

政府直接供给，就是政府作为生态公共产品的生产者通过一定的资源与条件直接生产某种产品或提供某种服务。

政府间接供给，就是政府通过委托代理的方式，委托生产者按照政府给定的任务目标，实施生态环境修复和保护，以推动生态环境可持续改善，并为社会提供生态服务，政府通过财政支持手段，如生态保护专项资金、绿色税收、生态功能区转移支付资金给予补偿，或通过绿色金融政策支持企业进行绿色投资、绿色环保等活动。政府通过这些财政、金融政策工具激励企业积极参与生态环境修复和保护，推动了生态公共产品的供给。这种通过政府财政资金支出购买生态公共产品的方式，属于政府间接供给生态公共产品。与政府直接供给相比，政府间接供给的方式相对更加丰富。

（二）市场供给

市场供给就是政府通过合同承包、特许经营、使用者付费、内部市场和补贴等方式，由市场（企业）提供生态公共产品。

市场供给主体（企业）以营利为目标，运用各种资源要素进行配置向市场提供生态公共产品和服务，并根据生态公共产品价格变动决定供给规模与水平，以弥补政府供给的不足。因此，市场供给不能替代政府供给，而只能是政府供给的补充（唐潜宁，2017）[44]。

市场供给的形成，离不开政府的环境政策规制。政府通过制定和颁布一整套有关的法律法规，为市场供给进行政策和机制设计，包括许可证政策、产权政策、市场竞争政策等，以及为营造市场竞争环境而制定的管制政策，包括防止市场主体利用自身优势形成垄断的相关政策，使生产者拥有生态公共产品供给许可证，从而进入生态公共产品市场并依规从事相关市场运营活动，以确保社会公共生态利益不会因为私人部门（企业）进入而牺牲效率。

市场供给生态公共产品的条件：私人（企业）作为“理性人”，供给什么？供给多少？怎样供给？遵循“理性经济人”假设行为逻辑，取决于供给生产品的成本与收益预期。实践中，政府供给往往只能按照社会平均需求状况来确定生态公共产品供给的类型和供给数量（唐潜宁，2017）[44]。而伴随着生态公共产品的需要呈现多样性、多层次性特征时，政府供给难以满足，此时就需要更多的供给主体给予补充。例如具有准公共产品性质的森林公园、地质公园等旅游景区。正是由于这些非基本生态公共产品的需求的存在，为市场供给生态公共产品提供了市场需求。

市场供给方式主要有：

1. 合同承包

政府将部分生态公共产品的生产与提供权以订立契约的方式交由私营企业或民间组织等非政府部门，并由它们按照政府要求提供生态公共产品。这就是政府生态公共产品委托外包，简称政府外包。政府合同外包实际上就是政府将公共产品的生产与供给交予企业和第三部门，它们依照合同约定提供符合相关质量标准的生态公共产品。

政府外包具有一定的优越性：增加了生态公共产品供给数量，提高了公众回应性，满足了个性化、多样性需求。但是生态公共产品合同承包可能带来一定的社会成本，因此，如何克服社会成本，保证政府外包顺利进行，需要解决以下两个问题：

一是承包方的选择性供给。由于代理人与委托人目标函数不一致往往引发委托—代理中的道德风险与逆向选择问题，私人（企业）出于利益最大化动机倾向于对自己最有利可图的供给会导致生态公共产品的非均衡供给。

二是委托方监管失效。由于信息不对称，特别是受托方的机会主义行为，使委托方监管难度增加，导致供给偏离承包目标函数。

政府通过竞标的方式将本应由其自身承担的生态公共事项全部或部分的外包给符合资质的社会组织、企业或个人，并根据服务效果进行付费，在发达国家已有成功的案例。20 世纪 90 年代，“河流家庭承包制”在德国柏林市全面推行，为有效解决境内河道纵横污染严重的治理困境，柏林市流域管理部门与河道附近居民按照自愿参与原则签订契约合同，要求河道附近居民积极配合地方环境警察和水上警察执行流域日常维护、运行监督、水质检测、损毁工程统计上报等管护事项。按照流域管理部门定期对流域运行管护情况的抽查与评估，并根据居民承包的期限、长度、管护质量等给予税收优惠或市政管理费用减免。通过这一举措，不仅明显地提高了流域生态管护的成效，还让柏林市各级政府减少了相关环保费用的支出（青木，2015）[45]。

2. 特许经营

所谓特许经营就是政府作为特许人给予被特许人（企业、社会组织、个人）一定期限的特许经营权，允许其参与提供某种特定的生态公共产品项目。具体运作方式是政府通过租赁的方式，将国家所拥有的自然资源租赁给被特许人生产和供给商业化的生态产品，消费者向生产者支付一定的费用来弥补其投资成本。特许经营实质上是政府将供给生态公共产品的职责以合约的形式部分或全部地转让给市场，实现生态产品外部成本内部化，并达到提高内部化效率的目的。

政府充分利用市场机制作用，积极吸引私人资本和社会资参与到生态公共产品供给领域中，并通过竞标方式鼓励具有资质的企业、社会组织或个人准入到经营公益性的生态产品、生态工程和生态管护等事项中。以德国下萨克森州国家公园为例，社区居民按照自愿参与原则与政府达成协议参与到鸟类栖息地保护管理中，按照管理计划，在鸟类栖息地保护管理过程中所获得的牧草收益将全部归保护居民所有；又例如法国政府在2006年实施国家公园体制改革后，根据不同行业的特点，国家公园联盟（PNF）制定了差异化的特许经营市场准入清单。明确地对申请人资质和全生命周期经营管理行为制定了相关要求，并以国家公园产品品牌价值增值体系为依托，引导社区企业和个人自愿参与，实现区域生态服务公私伙伴供给（丘水林，2018）[46]。

3. 使用者付费

使用者付费就是政府提供的公共产品与服务，消费者为了获得这些产品与服务而缴纳的特殊费用。由于公共服务的非排他性导致消费过分拥挤，政府通过设立收费标准，运用市场力量来控制消费的数量，使一些消费者因为价格而自动地放弃对某一公共产品消费的权利，从而保证该产品不会过分拥挤，同时能够增强政府的财力。因此，“使用者付费是税收作为一种政策工具的创新应用形式，是管制和市场两种政策工具的结合体”（陈庆云和鄞益奋，2008）[47]。因此，使用者付费可在不损害生态公共产品非竞争性的前提下，实现消费的排他性，可提高生态公共产品供给数量和质量，从而增强生态资源配置效率。

（三）第三部门供给

第三部门就是指不属于第一部门（政府）和第二部门（企业）的其他所有组织的集合。在国外称为 NGO 或 NPO，在中国主要为民政部门注册的社会团体、基金会、民办非企业单位及未注册的草根组织。它通过自筹资金，自愿生产或自愿供给生态公共产品，弥补了政府、市场供给的不足。

在生态公共产品供给中，政府部门、企业（市场部门）等供给主体所存在的缺陷以及社会公众对生态公共产品需求呈现出的多样化与异质性特点，正是第三部门供给产生的现实推动力。目前我国生态公益环保组织运用计划与组织以及协调，积极推动生态环境保护与治理，充分弥补了政府、企业在生态环境保护与治理上存在的不足。

（四）个人供给

个人供给也称为使用者自愿供给。人作为自然界的一部分，生产与生活都不能脱离自然界而独立存在，作为个体的人每天赖以生存的天然生活资料，如食物、空气、水等都是生态公共产品的一部分，人类的生产与消费行为又会对自然资源带来消耗甚至是破坏，因此，个人生活方式、生产方式承担着恢复生态环境、建设生态环境、供给丰富的优质生态产品的责任。个人作为使用者、消费者既是生态公共产品受益者，又是生态公共产品建设者和成本承担者。

实践中，我国一些社区生态公共产品供给往往采用使用者自愿供给模式。尽管这种模式仅限于小区范围内，但有效实现了供给者与受益者的统一，避免“搭便车”现象出现。

三、生态公共产品的多元合作供给

（一）合作供给概念与特征

1. 合作供给的概念

所谓多元合作供给就是通过构建紧密的信任合作关系，让政府、市场（企业）、第三部门和个人广泛参与、合作提供优质高效的生态公共产品来满足社会生态公共需求行为。

合作供给的主体是区域自然生态系统区域内具有一定生态联系的利益相关者，主要包括政府、市场（企业）、第三部门和个人。在法律与生态伦理方面，各合作主体之间应具有平等地位，从而确保各合作主体的利益诉求得到合理有效的保护（洪传春等，2017）[48]。其中，政府合作是基础，也是主导。因为生态公共产品的公共性和外部性，政府合作供给能确保社会公平公正，实现社会福利最大化，并为其他各类合作提供示范与样本，同时其又是多元合作网络中的一个重要组成部分；市场合作是中坚，各供给合作主体只有通过竞争机制、供求机制、价格机制等市场机制的相互作用，通过竞合实现各方利益的双赢或多赢，提高生态公共产品供给效率与质量；民众自愿合作则被视为多元合作供给中的补充与保障部分，在相应政策的激励下，民众和环保公益组织被引导参与到生态公共产品第三方供给，同时通过组织的自我完善改善供给模式并转变行业监督职责方式为生态公共产品供给提供支持。

由此可见，生态公共产品合作供给的实质是将政府、市场与民众自愿合作的有机结合，合作供给的成败取决于政府机制、市场机制和自愿机制的相互协同作用的最大化。

2. 合作供给特征

一是供给主体多元化。多元主体包括政府、企业、第三部门和个人，它们在合作供给中不是领导与被领导的上下级关系，而是平等的伙伴关系，发挥着多主体的协同供给作用，承担着多主体的合作共治的责任。当然由于生态公共产品的公共性与公益性，政府在合作供给中承担着主导作用。

二是供给目标一体化。由于供给主体的多元化，意味着目标的多样化。但是在生态公共产品的供给中，供给目标十分明确，就是实现公共利益最大化的目标，也就是通过生态公共产品的合作供给实现生态环境的持续改善，从而实现社会生态福利的最大化，在这一目标下，要求各个参与主体必须在公共利益这一目标的指导下调整个体目标，形成服务目标的一体化，这也是有效合作供给的前提和基础。

三是供给过程合作化。多元主体的整个供给过程都是在合作主义思想的指导下进行的，它改变了传统供给渠道的垂直性和单向度性的“科层式供给”，而成为多主体在资源交换基础上的“合作化供给”（何艳玲，2006）[49]。既改变了传统的供给模式，提高了生态公共产品质量和效率，又实现了主体的合作共赢。

四是供给结果均等化。供给结果均等化是指基本生态环境服务均等化。虽然各地生态资源禀赋存在差异，人均生态资源拥有量大小不等，特别是基本生态环境服务存在失衡状态，客观上要求政府、市场、社会利用不同的机制和资源禀赋优势合作供给，其中纯公共产品性质和准公共产品性质的生态产品具有公益价值导向和外部效应，政府理应作为供给的主导者，但面对日益增长的对生态环境服务多样化、差异化需求，也要市场、社会供给弥补政府供给的不足，从而保障每个公民的环境权，公平公正获得基本生态环境公共服务。

（二）合作供给的必要性

1. 效益外溢性的客观要求

生态公共产品为人类提供的生态效益，如洁净的空气、优良的水质、茂密的森林、碧蓝的天空等优美的生态环境，存在正外部效应，它不仅可以为本区域无偿服务，还会外溢到相邻区域为外区域提供无偿服务。如流域水生态治理、植树造林、减少碳排放等举措所带来的生态效益会外溢到流域下游地区或影响到整个区域，也就是说生态公共产品提供的服务既可以为本地服务，也可以异地受益、甚至全球共享。随着区域内经济文化联系以及人口流动等因素，生态公共产品的外溢性会随之放大，在这种情况下，生态公共产品的多主体合作供给，可以基于成本收益视角，形成生态补偿机制，也可以最大限度地避免一些地区免费搭车行为，特别是随着城市群的兴起，各城市群内部、城市群之间合作供给可以最大限度地内化区域生态公共产品的外溢性，使得生态环境的治理成本在区域内与区域间共同分担，收益共同分享，最大限度地提升生态环境存量。

2. 需求多样化客观要求

随着经济发展，收入水平的提升，居民对高品质生活的需求不断增长，内容不仅包括要有高品质物质生活，还要有高品质的精神生活，更要有高品质的生态产品和优良的自然生态环境。其中，生态公共产品供给由于历史欠账出现“短板效应”，因而对生态公共产品需求出现规模化（生态公共产品需求总量不断扩大）、多样化（生态公共产品需求种类日益多样化）、动态化（需求结构随外生影响因素发生结构性调整）特征。面对生态需求的特点，客观上需要构建需求导向的多元合作供给模式，在纵向上需要跨政府跨部门边界以优化资源配，提高区域生态公共产品供给能力，解决区域、城乡供给结构性失衡，以回应动态性诉求，在横向上跨政府、市场和社会边界以整合多方力量，提高生态公共产品供给的层次性、公平性，以回应民众多样化需求。

3. 效率提升的客观要求

在生态公共产品合作供给中，政府、市场、社会三者在不同的场域代表着不同的机制和资源禀赋优势（张小进，2012）[41]，当然各自都有明显的缺陷。政府权威政策，官僚科层制具有强制力、权威性可以有效地调配资源且具有组织周密、执行迅速、目标明确以及具有连续性和统一性的特点（夏志强和付亚南，2013）[50]。对于全国性、跨区域性生态公共产品供给，如大江大河治理、国家生态功能区的保护等等，可以由中央政府承担，也可以由中央与地方政府合作承担，对于地方生态公共产品供给可以由地方政府承担。当然政府供给也存在效率低下、针对需求的回应性差的问题。因此，政府可以通过与私人部门建立多种类型的合作机制，如通过出售、合同承包、特许经营等方式将原来由政府承担的职能交由私人承担，以此利用市场机制的作用打破行政垄断，优化生态资源配置，提高生态公共产品供给效率。当然，市场天然具有趋利性、外部性、自然垄断性和信息不对称的特点，可能影响公平、效率、责任等政治性目标。此外，政府还可以与第三部门合作，利用志愿机制促进利益表达，有针对性地满足服务需求。因为志愿机制可以利用与社会公众近距离的信息优势和“非分配约束”提供政府和市场不愿涉足或虽涉足但效果不理想的领域，从而为多样化需求或特殊需求有效提供生态公共产品（张小进，2012）[41]。当然第三部门由于发展不足，也存在着公益不足、操作不规范、独立性欠缺等问题（夏志强和付亚南，2013）[50]。

从上述分析可以看出，政府、市场、社会都有各自优势和短板，通过合作可以实现优势互补，达到多元化的合作供给，从而实现生态公共产品收益的最大化，其中政府仍然是生态公共产品供给的当然责任主体，在生态公共产品的合作供给中居于主导地位，同时政府在市场力量、社会力量的合作供给中还承担政策供给角色，提供保障合作供给的一系列政策，处理三者间权、责、利关系，约束合作各方的行为、保障各自的权益。包括自然资源产权界定与交易政策、生态公共产品与服务购买政策、生态公共产品规划与质量监督政策，确保合作供给能够按照政策化要求合规合法地运行。

四、政府间合作供给

政府间的合作既包括中央政府与地方政府之间的纵向合作，也包括各地区地方政府间的横向合作。其中地方政府的横向合作比较复杂，可以是同级政府间合作，也可以是不同层级政府间合作。

政府间合作供给的动因源于生态公共产品特殊性质。由于生态公共产品具有外部效应，它的外部性分为正的外部性和负的外部性。正的外部性溢出有利于社会生态效益的增加，带来社会福利的增长，负的外部性溢出则会带来生态环境恶化。因此，生态公共产品供给的成本分摊是直接影响供给的重要因素，因此，外部性内部化成为生态产品供给的核心问题。现实中许多生态问题往往发生在地方政府管辖权模糊的领域和区域（杨龙和郑春勇，2011）[51]。一是河流、湖泊、自然保护区横跨多个行政区；二是空气、地下水流动范围不受划界的限制。这些由自然和地理因素形成的跨行政区域的自然生态资源，极易受到某一区域负外部性影响进而影响整个区域自然生态。国内太湖流域和淮河流域曾出现的水污染事件就是一个典型案例，但目前国内流域生态保护与治理还存在政府间合作意识不强、合作机制不健全、生态补偿政策不完善以及治理碎片化等问题，正如奥斯特罗姆所讲“当人们面对公共池塘资源问题时，通常都会有很强的规避责任、搭便车和以机会主义方式行事的诱惑。在这样的条件下，我们绝不能保证这些问题可以得到解决”（奥斯特罗姆，2000）[52]。因此，加强政府间合作供给是解决生态环境治理碎片化重要手段。

（一）中央与地方间合作供给

在我国分权模式下中央与地方政府构成委托—代理关系，中央政府是委托人，地方政府是代理人，地方政府接受委托代理中央行使地区生态公共产品供给与生态治理的政府职责，中央采用权威模式将生态公共产品供给的部分权力下放给地方政府，地方政府的“理性经济人”角色可能采取不合作的机会主义行为，因此，为了激发地方政府参与合作供给的动力，中央需采取激励与约束相统一的机制与政策才可能使合作供给得以完成。在激励机制上包括政治激励和经济激励两种手段：政治激励中将辖区生态环境保护与治理指标纳入政绩考核之中，作为政治晋升的重要依据；经济激励则是通过财政转移支付的方式向地方政府资金拨款作为其生态公共产品供给的重要财力保障，并建立财政转移支付激励机制，激励地方政府积极投入跨域生态环境合作治理中。约束机制则是中央通过环境监督制度，对破坏生态、污染环境的行为进行督察，更重要的是对地方政府的不作为、因市场失灵所导致的非理性发展行为进行督察，发挥追责在监督中的重要作用。为此，中央应为政府间合作供给提供相应的政策保障。

一是环境规制政策，包括制定国家生态环境政策、规划并组织实施；制定各类污染物排放总量控制、排污许可证政策并监督实施；制定生态补偿政策。

二是指导与协调地方政府环境治理。统筹协调指导国家重点生态功能区、国家自然保护区、重要流域、海域生态环境保护工作；指导协调地方政府处理好重特大突发生态环境事件的应急、预警工作以及环境损害赔偿工作；协调解决有关跨区域环境污染纠纷，指导协调和监督生态保护修复工作。

三是监督管理地方政府生态环境保护。包括生态环境监测工作、生态环境准入的监督管理、中央生态环境保护督察等。即通过政策体系建设来保障生态环境质量管理“规划、标准、监测、执法、评估、协调”六个统一，为生态产品供给主体在政府间公平高效的合作提供支持与约束（洪传春等，2017）[48]。

（二）地方政府间的合作供给

地方政府间的合作供给是指在跨区域合作治理生态环境的过程中，相邻地方政府基于共同利益通过正式的或非正式的制度安排整合资源、分工协作，以集体行动的方式，在互惠互利的前提下共同追求生态发展目标的行为（方雷，2014）[53]。在地方政府合作层面，我国尚未制定颁布“政府间关系协调法”或“政府间合作法”等政策文件，也没有类似美国联邦宪法“协议条款”的法律规定（杨龙和郑春勇，2011）[51]。尽管在政策层面，中央有鼓励地方政府间的对口帮扶的政策，特别是某些区域遭遇重大自然灾害（如汶川大地震）、国家重大工程项目的移民（如三峡工程）时，中央通过政策手段安排地方政府的对口支援，但这些行为具有自上而下的浓厚的行政色彩，基本上不属于地方政府的自主活动。

地方政府合作供给条件：

1. 合作供给的意愿

合作意愿是合作主体在一定政策主导下，为了共同目标所采取一致行动的意图和愿望。认知共识、利益互惠和相互信任成为达成合作意愿的必要条件。合作意愿的要素包括认知共识、利益互惠、彼此信任、政策安排等（卢文超，2018)[54]。推动区域生态环境协同治理的关键在于各政府间能否就合作治理问题达成一致的意愿。根据来源不同，合作意愿可以分为纵向促动型与横向协同型两种模式，实现由纵向促动向横向协同转变是合作意愿发育的主要体现（卢文超，2018)[54]。合作意愿取决于地方政府合作的内生动力，是指合作的动机。在中国，政府间合作动力，首先，取决于行政区的利益，遵循“收益—交易成本”逻辑，通过相互合作实现互利共赢，分担生态治理的共同成本，分散单独治理无法规避的风险和损失。当然由于各区域主体对生态公共产品需求弹性的差异，导致不同区域对生态公共产品供给的“成本—收益”评估存在差异。其次，取决于政府官员的任期连任或政治晋升诉求。在单一制结构体制下，地方政府官员的任期连任或政治晋升主要根据中央政府或上级政府对该地区地方政府的政绩考核结果。随着重大环境事故终身追责制、生态考核等政策性规定的实施，地方政府生态合作动力增强。再次，取决于上级政府安排。中央政府政策引导所形成的自上而下的推动力，成为合作供给的外生动力。最后，取决于市场、第三部门、社会公众、新闻媒体的推动。随着市场、第三部门、社会公众、新闻媒体的介入并参与生态公共产品的供给，为政府间合作供给提供了体制外推动力。

2. 合作供给的政策

所谓合作供给的政策是规范政府合作供给行为具有外部强制性的正式规则。包括宪法、法律、规定、条例、章程、政策等，其中宪法起着基础性、指导性作用。20 世纪 90 年代，区域政府合作伴随着协同治理理论的兴起为跨界公共事务治理提供了新思路。而围绕如何促进跨界公共事务治理的政府合作，美国著名经济学家曼瑟尔·奥尔森其实早在 1965 年的《集体行动的逻辑》一书中就给出了科学的回答：“除非存在强制或其他一些特殊手段以使个人按着他们的共同利益行事，有理性的、寻求自我利益的个人不会采取行动以实现他们共同的或集团的利益”（曼瑟尔·奥尔森，2014)[55]。也就是说，共同的利益与共同遵守的政策规范是产生合作关系的两个基本条件。在当前区域生态环境治理成为各地方政府共同利益诉求前提下，亟须制定共同遵守的政策法规，例如《区域生态合作章程》《区域生态补偿条例》等，使其成为区域生态合作治理基本原则、区域生态合作治理利益关系协调的基本依据，使各地方政府在处理生态供给中权责利关系有法可依，推进区域治理良性互动。

3. 合作供给的平台

一是政府联盟。地方政府间基于地方事务进行民主而有效的管理而成立的联盟体。旨在通过这一组织形式促进地方政府在生态环境保护，人员培训以及管理等方面开展合作。该联盟在政府保持独立性前提下，通过达成合作协议，让渡政府部分管理权限交由超地区行政边界的联盟体，负责处理跨区域公共事务，也包括区域生态环境保护与管理。宾厄姆认为“这种联合是一种受竞争和协商的动力支配的对等权力的分割体系”（宾厄姆，1997）[56]。

二是府际联席会议。基于参与各方地位平等性原则，举行由区域各地方政府首长或环保部门负责人参加的府际联席会议。重点围绕区域生态环境具体问题、重大事件进行研讨磋商，制定各方需共同遵守的协议或准则。（王明安和董树军，2019）[57]。

三是合作论坛。定期或不定期召开区域生态合作问题论坛，由区域联盟政府轮流组织，邀请政府部门、企业、非政府组织、专家学者、新闻媒体、社会公众参与，就某一生态议题展开讨论，为区域生态治理提供决策参考。

4. 合作供给的环境

一是政治环境。政治环境是指一个国家或地区的政治政策、体制、方针政策等方面所形成的政治背景。这是影响政府间合作的政策背景。改革开放以来，随着我国区域差距不断拉大，党和政府先后出台了一系列政策举措，鼓励和支持地方政府间合作，通过具有中国特色的对口支援帮扶行动缩小区域差距。特别是党的十八大以来生态文明建设战略地位日益凸显，党和国家制定了一系列生态文明建设的方针、政策，强调“山水林田湖草”是一个生态系统，具有整体性、系统性，出台了推动政府生态合作治理的系列政策文件，大力推进生态优先、绿色发展，实现区域经济社会与环境的协调可持续发展。

二是法律环境。法律环境是指国家、地方政府颁布的推动政府间生态合作的系列法律制度的总称。虽然我国在环境治理上出台了《中华人民共和国环境保护法》和一系列有关环境治理的法案，但遗憾的是目前还没有政府间关于区域环境治理合作方面的法律制度，严重影响了跨区域生态环境合作共治。因此，应制定政府间跨区域生态环境协同治理的法律制度，以法律形式对政府间生态治理做出权责规定。

三是经济环境。经济发展水平及经济政策直接影响政府间合作供给的动力。经济发展水平影响政府对生态环境的需求弹性及治理需求状况，而经济政策设计则会影响政府“成本—收益”评估，完善的经济环境应构建起完善的利益协调机制，即“成本分担，利益共享”机制。依据“谁保护，谁受益”“谁污染，谁治理”原则，建立跨区域间生态补偿机制，通过纵向与横向结合的转移支付制度，健全地方政府间生态环境治理利益公平分配和合理补偿。

四是信用环境。信用环境是指政府间、企业间和个人间的信用关系与信用程度。政府间信用关系是现代政治体系中的一种最基本关系，政府间信用行为就是政府作为行为人守约遵规，信守约定的道德行为。因此，加强信用环境建设，对于推动政府间生态合作具有重要意义。为此，应成立区域信用建设组织以推进制定区域统一的信用准则体系；将政府公信力建设作为区域信用体系建设的重中之重，将政府守约遵规的道德行为纳入政府考核体系，形成“一处失信，处处制约”的区域联动机制（方雷，2014）[53]。

5. 合作供给的评估

跨区域合作治理主体制定的区域生态合作规划、区域性生态合作政策及政策工具的运用及效果，需要跨区域监管机构，或由社会各界具有广泛性代表参加的生态治理评估机构进行评估，以客观真实地了解生态治理的过程及效果。当然，要保证评估客观公正，从空间维度上要确保评估标准统一，对区内所有的跨区域治理主体一致，从而保证用同一标准衡量跨区域主体在生态治理上成效、问题与不足。

多元合作供给相较于政府单一供给，一方面可以发挥各供给主体优势满足差异化、多样化的生态消费需求，提高供给的适应性、针对性；但另一方面也存在一定的局限性和弊端。因为多元合作供给涉及除政府以外的企业、个人和第三部门，政府与这些多主体的合作中，一般采用合同外包、特许经营、政府购买等方式进行，由于多主体的利益取向，特别是企业利润最大化动机，可能导致机会主义行为，地方政府的“经济人”角色也可能带来“搭便车”心理导致“集体行动逻辑”，这样必然产生由信息收集、交易谈判、市场监管等带来的各种费用，导致供给效率的下降，以及公共伦理缺失等问题。

| 第三章 |

长江经济带生态环境承载力评价与空间格局演变

长江经济带生态公共产品的多元合作供给的必要性和现实性是建立在区域生态环境状况的动态变迁基础上的。当前长江经济带依然面临着环境污染，特别是水环境污染、湿地保护形势严峻、生物多样性减少等生态问题。客观评价长江经济带生态环境状况，能够为多元合作供给提供现实依据。为此，本章基于牛态环境压力、状态、响应三个维度构建长江经济带生态环境承载力水平的评价体系，运用熵权 TOPSIS 法分别从省域层面和市域层面对 2005～2019 年长江经济带生态环境承载力水平进行测度计算，基于测度结果，分别选用差异性指标（基尼系数、泰尔指数以及对数离差均值）评价分析了各大区域的差异性特征，并进一步运用空间自相关分析对长江经济带生态环境承载力的空间分布格局进行研究，其目的是通过生态环境承载力评价刻画出人类活动红线，以此为合作供给机制的构建提供现实支撑。

一、长江经济带生态环境承载力评价的指标体系构建

（一）构建思路

依据发展经济学范畴上的界定，生态优先、绿色发展是一种可持续发展的方式，其重点强调提高社会包容性水平与增进人与自然和谐共生程度（张晓颖，2014）[58]。基于福利经济学范畴，生态优先、绿色发展是一种以增进

当代人和后代人福祉为根本目标的经济增长模式（Albagoury，2016）[59]。梳理现有研究，本章旨在将生态优先、绿色发展定义为以保护生态环境为硬性约束，增进民生福祉为主要目的，促进经济、社会与自然三大系统耦合协调的的高质量经济发展方式。因此，对长江经济带生态优先，绿色发展的评价应该综合考虑到经济发展、社会发展和资源环境等各个方面，不仅要把握长江经济带绿色发展的现状，还应该掌握未来长江经济带绿色发展的前景。综合现阶段长江经济带生态文明建设中存在的现实问题，并结合长江经济带生态优先、绿色发展的指导思想，基于“压力—状态—响应”（PSR）模型，分别从生态系统压力、生态系统状态与生态系统响应三方面来测度长江经济带生态环境的承载力水平。

（二）指标选取

设计构建三级指标体系，其中包含 3 个一级指标、9 个二级指标以及 33 个三级指标，评价指标体系详见表 3 - 1。具体来讲，一级指标分别是生态系统压力、生态系统状态以及生态系统响应三部分。本章设计的二级指标进一步地从资源环境压力、经济发展压力、社会发展压力三个方面来测度生态系统压力；从资源环境状态、经济发展状态、社会发展状态三个方面来测度生态系统状态；从资源环境响应、经济发展响应、社会发展响应三个方面来测度生态系统响应。三级指标则具体选用单位 GDP 能耗、人均水耗量、人均电力消费量以及每单位产值生产所排放的工业废水量、工业二氧化硫量、工业粉尘量等六个指标来量化资源环境压力；选用地区 GDP 增长率、财政自给能力、城乡居民收入比等三个指标描述经济发展压力；选用人口自然增长率、人口密度、城市化率等三个指标反映社会发展压力；选用人均水资源量、湿地面积占国土面积比重、自然保护区占辖区面积比重、省会城市空气质量优良率等四个指标衡量资源环境状态；选用地区人均 GDP、城镇常住居民与农村常住居民的人均可支配收入、城乡居民消费比等四个指标表征经济发展状态；选用用水普及率、城市煤气普及率、城市每万人拥有公共汽车数量、城市每万人拥有出租车数量等四个指标揭示社会发展状态；选用污水处理厂集中处理率、生活垃圾无害化处理率、造林面积增长率等三个指标反映资源环境响应；选用环境污染治理投资占 GDP 比重、科学技术支出占财政支出比重、第三产业占 GDP 比重等三个指标描述经济发展响应；选用每万人拥有公园绿地面积、建成区绿化覆盖率、每万人拥有公厕数等三个指标衡量社会发展响应。

表 3－1　　长江经济带生态环境承载力评价指标体系

准则层	要素层	指标层	单位	性质
生态系统压力 X1	资源环境压力 X11	单位 GDP 能耗 X111	吨标准煤/万元	负
		人均水耗量 X112	立方米/人	负
		人均电力消费量 X113	千瓦时/人	负
		单位产值工业废水排放量 X114	吨/万元	负
		单位产值工业二氧化硫排放量 X115	吨/万元	负
		单位产值工业粉尘排放量 X116	吨/万元	负
	经济发展压力 X12	地区 GDP 增长率 X121	%	负
		财政自给能力 X122	%	正
		城乡居民收入比 X123	%	负
	社会发展压力 X13	人口自然增长率 X131	%	负
		人口密度 X132	人/平方千米	负
		城市化率 X133	%	正

续表

准则层	要素层	指标层	单位	性质
生态系统状态 X2	资源环境状态 X21	人均水资源量 X211	立方米/人	正
		湿地面积占国土面积比重 X212	%	正
		自然保护区占辖区面积比重 X213	%	正
		省会城市空气质量优良率 X214	%	正
	经济发展状态 X22	地区人均 GDP X221	元	正
		城镇常住居民人均可支配收入 X222	元	正
		农村常住居民人均可支配收入 X223	元	正
		城乡居民消费比 X224	%	负
	社会发展状态 X23	用水普及率 X231	%	正
		城市煤气普及率 X232	%	正
		城市每万人拥有公共汽车数量 X233	标台/万人	正
		城市每万人拥有出租车数量 X234	标台/万人	正
生态系统响应 X3	资源环境响应 X31	污水处理厂集中处理率 X311	%	正
		生活垃圾无害化处理率 X312	%	正
		造林面积增长率 X313	%	正

续表

准则层	要素层	指标层	单位	性质
生态系统响应 X3	经济发展响应 X32	环境污染治理投资占 GDP 比重 X321	%	正
		科学技术支出占财政支出比重 X322	%	正
		第三产业占 GDP 比重 X323	%	正
	社会发展响应 X33	每万人拥有公园绿地面积 X331	平方米/万人	正
		建成区绿化覆盖率 X332	%	正
		每万人拥有公厕数 X333	座/万人	正

（三）样本选取与数据来源

本章分别从省际层面和地市级层面对长江经济带生态环境承载力进行评价。在省际层面的测度分析中，样本对象为云南、贵州、四川、重庆、湖北、湖南、江西、安徽、江苏、浙江、上海 11 个省（直辖市）；在地市级层面的测度分析中，鉴于重庆、上海区县的行政体制差异以及阿坝藏族羌族自治州、凉山彝族自治州等 16 个自治州的相关数据缺失较为严重，因此，本章未将上述地区纳入观察样本内，地市级样本对象为云南、贵州、四川、湖北、湖南、江西、安徽、江苏、浙江 9 个省份的 108 个城市，研究时间段为 2005 ~ 2019 年。相关数据来源于历年的《中国统计年鉴》《中国环境统计年鉴》《中国能源统计年鉴》《中国区域统计年鉴》《中国城市统计年鉴》以及对应年份的各省份统计年鉴，部分缺失值通过插值法进行相关处理。

此外，为进一步探究不同区域生态环境承载力的动态变化趋势，本章依据《长江经济带发展规划纲要》对长江流域上游、中游和下游的区域进行划分。其中，在省际研究层面，将云南、贵州、四川和重庆四个省（直辖市）

界定为上游地区，将湖北、湖南、江西和安徽 4 个省界定为中游地区，将江苏、浙江和上海 3 个省（直辖市）界定为下游地区；在地市级研究层面，上游地区界定为云南、贵州和四川的 32 个城市，中游地区界定为湖北、湖南、江西和安徽的 52 个城市，下游地区界定为江苏和浙江的 24 个城市。

二、研究方法

（一）生态环境承载力的综合评价

熵权 TOPSIS 法是在 TOPSIS 评价方法的基础上引入熵值法，根据指标的变异程度确定其各自的客观权重，利用 TOPSIS 法对各省（直辖市）、各地级市生态环境承载力水平进行量化排序，进而求出综合评价结果，其优点在于可以有效避免在 TOPSIS 评价法中因评价环境或者自身条件发生变化而造成的最优、最劣解发生改变（Olson，2004）[60]。基于上述优点，现有的关于绿色增长水平、经济发展水平或民生服务水平的测度研究中，如王宇昕等（2019）[61]、魏敏和李书昊（2018）[62]、熊兴等（2018）[63]都选择运用熵权 TOPSIS 来测度综合水平。因此，鉴于本章样本数据的特点和学术沿袭，本章选用熵权 TOPSIS 法测度长江经济带各省（直辖市）、各城市生态环境承载力的综合水平，综合得分的取值范围为［0，1］，若得分值越接近于 1，则表明城市生态环境承载力的水平越高；反之，则表明越低。熵权 TOPSIS 的具体计算步骤如下：

第一步，使用极差法对生态环境承载力评价指标体系中的各指标 X_{ij}进行标准化处理，消除不同指标在数量级和量纲方面不一致所造成的影响：

$$Y_{ij}=\begin{cases}\dfrac{X_{ij}-\min(X_{ij})}{\max(X_{ij})-\min(X_{ij})}, X_{ij}\text{ 为正向指标}\\[2ex]\dfrac{\max(X_{ij})-X_{ij}}{\max(X_{ij})-\min(X_{ij})}, X_{ij}\text{ 为负向指标}\end{cases}\tag{3-1}$$

第二步，计算生态环境承载力评价指标体系中 Y_{ij} 的信息熵 E_j：

$$E_j=\ln\frac{1}{n}\sum_{i=1}^{n}\left[\left(Y_{ij}/\sum_{i=1}^{n}Y_{ij}\right)\ln\left(Y_{ij}/\sum_{i=1}^{n}Y_{ij}\right)\right]\tag{3-2}$$

第三步，计算生态环境承载力评价指标体系中 Y_{ij} 的权重 W_j：

$$W_j = (1 - E_j) / \sum_{j=1}^{m} (1 - E_j) \tag{3-3}$$

第四步，构建生态环境承载力评价指标体系的加权矩阵 R：

$$R = (r_{ij})_{n \times m} \tag{3-4}$$

其中，$r_{ij} = W_j \times Y_{ij}$。

第五步，通过加权矩阵 R 分别找出最优方案 Q_j^+ 和最劣方案 Q_j^-：

$$\begin{aligned} Q_j^+ &= (\max r_{i1}, \max r_{i2}, \cdots, \max r_{im}) \\ Q_j^- &= (\min r_{i1}, \min r_{i2}, \cdots, \min r_{im}) \end{aligned} \tag{3-5}$$

第六步，对各方案及其最优方案 Q_j^+、最劣方案 Q_j^- 的欧氏距离 d_i^+、d_i^- 进行计算：

$$\begin{aligned} d_i^+ &= \sqrt{\sum_{j=1}^{m} (Q_j^+ - r_{ij})^2} \\ d_i^- &= \sqrt{\sum_{j-1}^{m} (Q_j^- - r_{ij})^2} \end{aligned} \tag{3-6}$$

第七步，对各方案与其理想方案的相对接近度 C_i 进行测算：

$$C_i = \frac{d_i^-}{d_i^+ + d_i^-} \tag{3-7}$$

（二）各区域生态环境承载力水平的差异性分析

泰尔指数（Theil's Entropy Index）、基尼系数（Gini Coefficient）以及对数离差均值（Logarithmic Mean Deviation）作为学术研究中比较常见的测量差异性的统计指标，其不同之处在于泰尔指数指标、基尼系数与对数离差均值对部分样本的敏感性差异。其中，泰尔指数对上层部分差异的变化比较敏感，基尼系数对中间部分的差异的变化比较敏感，而对数离差均值则对底层部分差异的变化比较敏感。由此可见，上述三个统计指标在差异性测度上具有一定程度的互补性，为更加全面地对长江经济带生态环境承载力水平区域差异性进行分析，本章综合上述三个指标来进行研究分析。基尼系数（GINI）的计算公式如下所示：

$$GINI = \frac{2}{n^2 u_e}\sum_{i=1}^{n} ie_i - \frac{n+1}{n} \tag{3-8}$$

在式（3-8）中，n 代表样本的个数，即各省（直辖市）或城市数；e_i 表示将生态环境承载力水平由小至大的顺序依次排列后第 i 个样本所具有的生态环境承载力水平；u_e 代表样本总体的生态环境承载力水平的平均值。

经济学家泰尔（Theil）于 1967 年通过引用信息理论中的熵概念来测量收入的不平等差异度，进而最早提出了泰尔指数（GE_1）与对数离差均值（GE_0）。泰尔指数指标与对数离差均值指标的具体计算公式分别如下所示：

$$GE_1(e) = \frac{1}{n}\sum_{i=1}^{n} \frac{e_i}{u_e}\ln\frac{e_i}{u_e} \tag{3-9}$$

$$GE_0(e) = \frac{1}{n}\sum_{i=1}^{n} \frac{u_e}{e_i} \tag{3-10}$$

在式（3-9）与式（3-10）中，n 代表样本的个数，即省（直辖市）或城市数；e_i 表示将生态环境承载力水平由小至大的顺序依次排列后第 i 个样本所具有的生态环境承载力水平；u_e 代表样本总体的生态环境承载力水平的平均值。

此外，为进一步探究长江经济带区域内与区域间的生态环境承载力差异水平，还可以通过分解泰尔指数与对数离差均值来分别测算组间与组内的差异程度，泰尔指数与对数离差均值具体计算公式分解分别如下所示：

$$E_1(e) = E_1(e^1, e^2, e^3, \cdots, e^m) = \frac{1}{n}\sum_{k=1}^{m}\sum_{i=1}^{n_k}\frac{e_i}{u}\ln\frac{e_i}{u} = \sum_{k=1}^{m}\frac{n_k}{n}\frac{u_k}{u}\frac{1}{n_k}\sum_{i=1}^{n_k}\frac{e_i}{u}\ln\frac{e_i}{u_k}$$
$$+\frac{1}{n}\sum_{k=1}^{m}\frac{u_k}{u}\sum_{i=1}^{n_k}\ln\frac{u_k}{u} = \sum_{k=1}^{m}v_k\frac{u_k}{u}E_1(e^k) + \sum_{k=1}^{m}v_k\frac{u_k}{u}\ln\frac{u_k}{u} = W + B \tag{3-11}$$

$$E_0(e) = E_0(e^1, e^2, e^3, \cdots, e^m) = \frac{1}{n}\sum_{k=1}^{m}\sum_{i=1}^{n_k}\ln\frac{u}{e_i} = \sum_{k=1}^{m}\frac{n_k}{n}\frac{1}{n_k}\sum_{i=1}^{n_k}\ln\frac{u_k}{e_i}$$
$$+\frac{1}{n}\sum_{k=1}^{m}\sum_{i=1}^{n_k}\ln\frac{u}{u_k} = \sum_{k=1}^{m}v_kE_0(e^k) + \sum_{k=1}^{m}v_k\ln\frac{u}{u_k} = W + B \tag{3-12}$$

在式（3-11）和式（3-12）中，n 代表样本的个数，其被分为 m 组 $n_k(k=1, 2, 3, \cdots, m)$，每组所对应的生态环境承载力水平的向量记为 e^k，

将 u_k 记为各组样本的生态环境承载力水平均值，n_k 代表区域的数量。因此，其所占总区域数量的比重可以表示为 $v_k = n_k/n$；W 代表 k 个组不均等的值加权平均，它表示着生态环境承载力水平的总差异中的组内差异；B 则代表着生态环境承载力水平的总差异中的组间差异，它的计算方式是将每个区域的生态环境承载力水平转换为与其对应的组均值。在这里 W 与 B 中的权重数 $v_k \frac{u_k}{u}$ 正好为第 k 组生态环境承载力水平占样本总体生态环境承载力水平累计总和的比重。

（三）生态环境承载力水平的空间自相关分析

空间自相关分析作为测量邻近事物关联强度的方法和指标，常被用于研究区域时空格局的演绎（王庆喜，2014）[64]。本章通过测度长江经济带省域、市域生态环境承载力水平的 Moran's I 指数，分别从全局空间自相关与局部空间自相关两方面来展开探讨。

1. 全局空间自相关

该分析用于描述整个研究对象上的全部空间单元之间是否存在集聚性的特征，Moran's I 指数的计算公式为：

$$I = \frac{n\sum_{i=1}^{n}\sum_{j=1}^{n} w_{ij}(x_i - \bar{x})(x_j - \bar{x})}{\left(\sum_{i=1}^{n}\sum_{j=1}^{n} w_{ij}\right)\sum_{i=1}^{n}(x_i - \bar{x})^2} \tag{3-13}$$

式（3－13）中，$\bar{x} = \frac{1}{n}\sum_{i=1}^{n} x_i$，$x_i$ 代表省（直辖市）或城市 i 的属性值，n 表示省（直辖市）或城市总个数，W_{ij} 表示空间关系权重矩阵元素。Moran's I 指数的取值范围一般是介于 $-1 \sim 1$ 之间，当 Moran's I 指数大于 0 的时候，表示各省（直辖市）或城市某属性值之间存在着正空间自相关性，即具有空间集聚特征；反之，当 Moran's I 指数小于 0 的时候，则表示各省（直辖市）或城市某属性值之间存在负空间自相关性，即具有空间分异性特征；当 Moran's I 指数越接近于 0 时，表示各省（直辖市）或城市某属性值之间不存在空间自相关性。

2. 局部空间自相关

该分析可以判别由于空间的位置不同而可能存在的不同空间关联模式。在空间位置 i 上，局部 Moran's I_i 指数的计算公式为：

$$I_i = \sum w_{ij} z_i z_j \tag{3-14}$$

式（3－14）中，z_i 和 z_j 分别表示省（直辖市）或城市 i 和省（直辖市）或城市 j 标准化的观测值，w_{ij} 表示进行标准化后的空间权重矩阵元素。如果 I_i 显著为正数且 z_i 大于 0，则表示区域单元 i 周边呈高高集聚特征；如果 I_i 显著为正数且 z_i 小于 0，则表示区域单元 i 周边呈低低集聚特征；当 I_i 显著为负数时，z_i 大于 0 或小于 0，则表示区域单元 i 周边呈高低或低高集聚特征。

三、实证结果与分析

（一）生态环境承载力水平的测度计算

1. 长江经济带省域生态环境承载力水平的测度计算

根据上述熵权 TOPSIS 法测算 2005～2019 年长江经济带 11 个省（直辖市）生态环境承载力水平的综合评价得分，使用逐级累计求权处理方法确定各指标的权重，即首先通过对三级指标进行赋权，求出二级指标的得分；再对二级指标赋权进而求出一级指标得分，在此基础上通过熵权法对一级指标进行赋值，得到一级指标的权重矩阵，最后使用 TOPSIS 法计算出各省（直辖市）生态环境承载力水平的综合得分。各级指标的平均权重与历年长江经济带 11 个省（直辖市）生态环境承载力水平的描述性统计结果分别见表 3－2、表 3－3。需要说明的是，本章采用算术平均的方式对 2005～2019 年各级指标权重进行计算，此做法可以有效避免由于各年间各级指标权重不一致所造成的评价结果差异，使评价结果更具有可比性。

表 3-2　　　　省域层面测度中各级指标的权重均值

指标	W_j	指标	W_j	指标	W_j	指标	W_j	指标	W_j
X1	0.3082	X31	0.5677	X121	0.2389	X214	0.0081	X311	0.0483
X2	0.4983	X32	0.2228	X122	0.6115	X221	0.4940	X312	0.0292
X3	0.1935	X33	0.2094	X123	0.1496	X222	0.1356	X313	0.9225
X11	0.2700	X111	0.0515	X131	0.5611	X223	0.2986	X321	0.5613
X12	0.3870	X112	0.0763	X132	0.2432	X224	0.0718	X322	0.3383
X13	0.3430	X113	0.1100	X133	0.1957	X231	0.0030	X323	0.1003
X21	0.2750	X114	0.0824	X211	0.1634	X232	0.0215	X331	0.3599
X22	0.3031	X115	0.3490	X212	0.6853	X233	0.0632	X332	0.0819
X23	0.4219	X116	0.3309	X213	0.1432	X234	0.9122	X333	0.5582

从一级指标来看，生态系统状态在生态环境承载力中权重占比最大，其次是生态系统压力，生态系统响应权重占比最小。这表明影响当前长江经济带省域生态环境承载力水平高低主要是由其生态系统状态水平与生态系统压力水平所决定的。从二级指标来看，在生态系统压力中，经济发展压力和社会发展压力权重占比较高，分别达 38.7% 和 34.3%；在生态系统状态中，社会发展状态权重占比最大（42.19%）、经济发展状态次之（30.31%）、资源环境状态权重占比最小（27.5%）；在生态系统响应中，资源环境响应权重占比远高于经济发展响应或社会发展响应。从三级指标来看，在资源环境压力中，"三废"排放指标权重占比最大，其中主要是单位产值工业二氧化硫排放量与单位产值工业粉尘排放量所决定的；在经济发展压力中，地区财政自给能力是最重要的决定因素；在社会发展压力中，人口自然增长率指标权重占比明显高于人口密度指标与城市化率指标所占比重；在资源环境状态中，湿地面积占国土面积比重指标权重占比最大，达 68.53%，人均水资源量指标与自然保护区占辖区面积比重指标权重占比大致相同，分别达 16.34% 和 14.32%，省会城市空气质量优良率指标权重占比最小，仅为 0.81%；在经济发展状态中，地区人均 GDP 指标是最主要的决定因素，其次是农村常住居民人均可支配收入指标，城乡居民消费比指标权重占比则最小；在社会发展状态中，城市每万人拥有出租车数量指标权重占比明显高于其他指标；在资源环境响应中，造林面积增长率指标权重占比明显高于污水

处理厂集中处理率指标和生活垃圾无害化处理率指标；在经济发展响应中，环境污染治理投资占 GDP 比重指标权重占比最大，达 56.13%，科学技术支出占财政支出比重指标次之，权重占比为 33.83%，第三产业占 GDP 比重指标权重占比最小，为 10.03%；在社会发展响应中，每万人拥有公厕数指标权重占比最大，为 55.82%，明显高于每万人拥有公园绿地面积与建成区绿化覆盖率指标的权重占比。

表 3-3 报告了 2005~2019 年长江经济带省域生态环境承载力水平的测度结果。从整体层面看，综合承载力评价均值大体上呈现出稳步递增的变化趋势，从 2005 年期初的 0.2213 增长至 2019 年的 0.2767，增长幅度为 25.03%，这表明长江经济带省域生态环境承载力的整体水平呈现出逐渐变好的趋势。分别围绕生态系统压力、生态系统状态和生态系统响应来看，其各自的变化趋势则表现出明显的差异性。其中，生态系统压力均值大体上分别以 2008 年和 2014 年为拐点，经历了两次先上升后下降的倒“U”形变化趋势，期末值均值较期初均值来看，表现出一定程度的上升，从 2005 年的 0.2713 变化至 2019 年的 0.2971，增长幅度为 9.51%，这表明长江经济带省域生态系统压力未能得到明显缓解；生态系统状态均值呈现出明显的递增变化趋势，从期初均值的 0.1963 增长至期末的 0.2582，增长幅度为 31.53%，这表明长江经济带省域生态系统状态得到了显著的改善；生态系统响应均值则经历了几次波动，其中在 2015 年达到最高点，为 0.4168，但在 2015 年之后生态系统响应均值则呈现出明显的递减趋势，到期末时仅为 0.3544，相较于期初值的 0.3846，下降幅度为 7.85%。

从各大区域的均值变化来看，对于生态环境承载力而言，下游地区 > 上游地区 > 中游地区，各地区均呈现出逐渐递增的变化趋势。其中，上游地区增长幅度最大（67.62%），中游地区次之（43.91%），下游地区最小（5.82%），结合前面研究发现可知，长江经济带省域生态环境承载力整体水平的提高主要是源于上游地区和中游地区生态环境承载力水平的改善。对于生态系统压力而言，中游地区均值和上游地区均值要明显低于下游地区均值，但中游地区与上游地区二者间的总体差异并不明显。从变化情况来看，下游地区总体上经历了先上升后下降的倒“U”形变化趋势，从期初期末值的变化来看，从 2005 年的 0.6075 增长至 2019 年的 0.6856，增长幅度为 12.86%，而上游

表 3－3　2005～2019 年长江经济带省域生态环境承载力水平的测度结果

指标	年份	2005	2006	2007	2008	2009	2010	2011	2012	2013	2014	2015	2016	2017	2018	2019
生态系统压力	上海	1.0000	1.0000	0.9103	0.9517	0.9883	1.0000	1.0000	0.7587	0.8842	0.8250	0.8464	0.7703	0.9300	0.9611	1.0000
	江苏	0.4533	0.7305	0.8406	0.8014	0.7987	0.7547	0.6962	0.7211	0.7700	0.7938	0.7314	0.6991	0.6460	0.6029	0.6138
	浙江	0.3692	0.5775	0.7603	0.7819	0.7746	0.6079	0.5999	0.6478	0.6354	0.6032	0.4419	0.5204	0.4871	0.4111	0.4430
	下游	0.6075	0.7693	0.8370	0.8450	0.8539	0.7875	0.7654	0.7092	0.7632	0.7407	0.6732	0.6633	0.6877	0.6584	0.6856
	安徽	0.1481	0.1621	0.1631	0.1937	0.1540	0.1513	0.1672	0.1807	0.2055	0.2183	0.1919	0.1816	0.1598	0.1442	0.1516
	江西	0.0722	0.0982	0.1386	0.1398	0.1195	0.0918	0.1038	0.1774	0.1663	0.1705	0.1455	0.1244	0.1363	0.1077	0.0975
	湖北	0.2416	0.3030	0.3229	0.3348	0.3004	0.2546	0.2640	0.2624	0.2664	0.2882	0.2339	0.2551	0.2400	0.2180	0.2067
	湖南	0.1029	0.1257	0.1603	0.1468	0.1118	0.1033	0.1443	0.1612	0.1672	0.1718	0.1548	0.1511	0.1796	0.2160	0.1330
	中游	0.1412	0.1723	0.1962	0.2038	0.1714	0.1503	0.1698	0.1954	0.2014	0.2122	0.1815	0.1781	0.1789	0.1715	0.1472
	重庆	0.2808	0.3339	0.3707	0.3808	0.3566	0.4704	0.4054	0.3497	0.3719	0.4201	0.3264	0.3323	0.3599	0.3300	0.2930
	四川	0.2176	0.2912	0.3273	0.2906	0.2958	0.4060	0.3269	0.3548	0.3648	0.3990	0.3689	0.3476	0.2705	0.2401	0.2277
	贵州	0.0199	0.0143	0.0202	0.0177	0.0265	0.0199	0.0192	0.0299	0.0309	0.1000	0.0950	0.1029	0.0895	0.1094	0.0788
	云南	0.0783	0.0724	0.1122	0.1366	0.1101	0.0627	0.0356	0.0438	0.0822	0.1282	0.1113	0.0939	0.0655	0.0452	0.0234
	上游	0.1492	0.1779	0.2076	0.2065	0.1972	0.2397	0.1968	0.1945	0.2125	0.2618	0.2254	0.2192	0.1964	0.1812	0.1557
	均值	0.2713	0.3372	0.3751	0.3796	0.3669	0.3566	0.3420	0.3352	0.3586	0.3744	0.3316	0.3253	0.3240	0.3078	0.2971
生态系统状态	上海	1.0000	1.0000	1.0000	1.0000	1.0000	1.0000	1.0000	1.0000	1.0000	1.0000	1.0000	1.0000	1.0000	1.0000	1.0000
	江苏	0.2482	0.2580	0.2612	0.2661	0.2539	0.2864	0.2814	0.3058	0.3328	0.3520	0.3648	0.3744	0.3709	0.4137	0.4229
	浙江	0.2670	0.2780	0.2769	0.2801	0.2505	0.2765	0.2682	0.2871	0.2959	0.3047	0.3127	0.3157	0.3132	0.3414	0.3485
	下游	0.5051	0.5120	0.5127	0.5154	0.5015	0.5210	0.5165	0.5310	0.5429	0.5522	0.5591	0.5634	0.5613	0.5850	0.5905

续表

指标	年份	2005	2006	2007	2008	2009	2010	2011	2012	2013	2014	2015	2016	2017	2018	2019
生态系统状态	安徽	0.1216	0.1193	0.1313	0.1451	0.1494	0.1672	0.1634	0.1596	0.1593	0.1559	0.1518	0.1538	0.1515	0.1549	0.1538
	江西	0.0642	0.0696	0.0586	0.0653	0.0555	0.0732	0.0661	0.0798	0.0666	0.0610	0.0651	0.0680	0.0574	0.0609	0.0771
	湖北	0.1123	0.1159	0.1221	0.1282	0.1301	0.1585	0.1517	0.1683	0.1729	0.1747	0.1781	0.1827	0.1803	0.1985	0.2036
	湖南	0.0830	0.0849	0.0835	0.0839	0.0870	0.0924	0.0855	0.0931	0.0887	0.0881	0.0855	0.0846	0.0739	0.0835	0.0867
	中游	0.0953	0.0974	0.0988	0.1056	0.1055	0.1228	0.1167	0.1252	0.1219	0.1199	0.1201	0.1223	0.1158	0.1244	0.1303
	重庆	0.1374	0.1389	0.1537	0.1042	0.0777	0.1328	0.1428	0.1493	0.1625	0.1881	0.1976	0.2073	0.2137	0.2191	0.2172
	四川	0.0634	0.0609	0.0620	0.0717	0.0623	0.0756	0.0834	0.0921	0.0946	0.0872	0.0865	0.0797	0.0741	0.0997	0.0997
	贵州	0.0034	0.0015	0.0000	0.0012	0.0000	0.0062	0.0151	0.0460	0.0644	0.0680	0.0820	0.1019	0.1257	0.1202	0.1785
	云南	0.0591	0.0557	0.0590	0.0599	0.0417	0.0447	0.0440	0.0481	0.0501	0.0375	0.0461	0.0509	0.0473	0.0654	0.0526
	上游	0.0658	0.0643	0.0687	0.0593	0.0454	0.0649	0.0713	0.0839	0.0929	0.0952	0.1030	0.1099	0.1152	0.1261	0.1370
	均值	0.1963	0.1984	0.2008	0.2005	0.1917	0.2103	0.2092	0.2208	0.2262	0.2288	0.2336	0.2381	0.2371	0.2507	0.2582
生态系统响应	上海	0.0305	0.0475	0.1161	0.0207	0.1156	0.0216	0.0369	0.0244	0.0126	0.0071	0.0235	0.0083	0.0462	0.0070	0.0000
	江苏	0.4427	0.3059	0.2683	0.2849	0.2750	0.1311	0.1964	0.1419	0.1968	0.2271	0.2364	0.1685	0.2247	0.2251	0.2358
	浙江	0.3508	0.1164	0.1752	0.2287	0.2705	0.1116	0.1715	0.1332	0.1377	0.2080	0.1815	0.2215	0.1544	0.1359	0.1365
	下游	0.2747	0.1566	0.1865	0.1781	0.2204	0.0881	0.1349	0.0998	0.1157	0.1474	0.1471	0.1328	0.1418	0.1227	0.1241
	安徽	0.2210	0.1141	0.1463	0.1281	0.1222	0.1121	0.2002	0.1733	0.3724	0.3062	0.3730	0.3298	0.2665	0.2849	0.3213
	江西	0.1516	0.3267	0.4486	0.4542	0.3306	0.3225	0.3366	0.3167	0.3227	0.3116	0.3794	0.5019	0.3482	0.3428	0.3902
	湖北	0.4473	0.2896	0.2832	0.2078	0.1730	0.2298	0.2786	0.2966	0.3543	0.4387	0.3273	0.3435	0.3363	0.3204	0.3656
	湖南	0.3271	0.4739	0.1525	0.0952	0.1268	0.2126	0.3960	0.4976	0.4285	0.5742	0.6083	0.4628	0.3566	0.3280	0.3679
	中游	0.2868	0.3011	0.2577	0.2213	0.1881	0.2192	0.3029	0.3211	0.3695	0.4077	0.4220	0.4095	0.3269	0.3190	0.3613

续表

指标	年份	2005	2006	2007	2008	2009	2010	2011	2012	2013	2014	2015	2016	2017	2018	2019
生态系统响应	重庆	0.5858	0.4301	0.4996	0.2850	0.2316	0.6193	0.6615	0.6048	0.6538	0.6681	0.5628	0.4963	0.3971	0.3761	0.4086
	四川	0.5836	0.3610	0.5430	0.5189	0.3775	0.3142	0.2257	0.1239	0.1480	0.1210	0.3202	0.4405	0.3699	0.3366	0.3790
	贵州	0.4903	0.5128	0.5716	0.3483	0.3777	0.3915	0.3944	0.3493	0.7318	0.8243	0.8122	0.7558	0.8107	0.7149	0.8505
	云南	0.5999	0.6582	0.7195	0.7337	0.7775	0.8795	0.7691	0.8767	0.8473	0.8123	0.7605	0.6753	0.4803	0.5190	0.4435
	上游	0.5649	0.4905	0.5834	0.4715	0.4410	0.5511	0.5127	0.4887	0.5952	0.6064	0.6139	0.5920	0.5145	0.4866	0.5204
	均值	0.3846	0.3306	0.3567	0.3005	0.2889	0.3041	0.3334	0.3217	0.3824	0.4090	0.4168	0.4004	0.3446	0.3264	0.3544
综合承载力评价	上海	0.9186	0.8818	0.8901	0.8097	0.8656	0.7352	0.8328	0.7107	0.7593	0.7702	0.8163	0.8150	0.8203	0.7930	0.7725
	江苏	0.3025	0.3559	0.3509	0.3474	0.3378	0.3650	0.3678	0.3586	0.3902	0.3735	0.3982	0.4022	0.4031	0.4401	0.4731
	浙江	0.2901	0.3318	0.3472	0.3503	0.3312	0.3248	0.3344	0.3307	0.3330	0.3097	0.2991	0.3237	0.3179	0.3224	0.3536
	下游	0.5038	0.5232	0.5294	0.5025	0.5115	0.4750	0.5116	0.4666	0.4942	0.4845	0.5045	0.5136	0.5138	0.5185	0.5331
	安徽	0.1244	0.1236	0.1335	0.1492	0.1456	0.1518	0.1539	0.1396	0.1765	0.1571	0.1440	0.1412	0.1225	0.1372	0.1529
	江西	0.0619	0.0916	0.0942	0.1470	0.0777	0.1302	0.0971	0.1407	0.1203	0.1053	0.0972	0.1337	0.0873	0.1156	0.1312
	湖北	0.1552	0.1627	0.1575	0.1666	0.1532	0.1816	0.1749	0.1905	0.1922	0.2032	0.1626	0.1757	0.1689	0.1880	0.2023
	湖南	0.0920	0.1240	0.0927	0.0908	0.0862	0.1098	0.1241	0.2010	0.1543	0.1845	0.1535	0.1306	0.1019	0.1436	0.1375
	中游	0.1084	0.1255	0.1195	0.1384	0.1157	0.1433	0.1375	0.1679	0.1608	0.1625	0.1393	0.1453	0.1202	0.1461	0.1560
	重庆	0.1886	0.1937	0.2001	0.1702	0.1342	0.2924	0.2491	0.2784	0.2679	0.2700	0.2235	0.2289	0.2291	0.2449	0.2511
	四川	0.1336	0.1369	0.1419	0.1805	0.1218	0.1956	0.1541	0.1498	0.1511	0.1147	0.1419	0.1612	0.1307	0.1575	0.1797
	贵州	0.0667	0.0926	0.0852	0.0968	0.0577	0.1321	0.0889	0.1308	0.2168	0.2361	0.1907	0.1966	0.1996	0.2235	0.2572
	云南	0.1003	0.1329	0.1296	0.2077	0.1459	0.2740	0.1723	0.2903	0.2429	0.2277	0.1742	0.1684	0.1102	0.1589	0.1320
	上游	0.1223	0.1390	0.1392	0.1638	0.1149	0.2235	0.1661	0.2123	0.2197	0.2121	0.1826	0.1888	0.1674	0.1962	0.2050
	均值	0.2213	0.2389	0.2384	0.2469	0.2234	0.2629	0.2499	0.2655	0.2731	0.2684	0.2547	0.2616	0.2447	0.2659	0.2767

地区与中游地区的期初值与期末值变化不大，增长幅度分别为 4.36% 和 4.25%。对于生态系统状态而言，同样，中游地区均值和上游地区均值要明显低于下游地区均值。从时间变化来看，各地区总体上表现出逐渐递增的变化趋势，其中，下游地区从期初的 0.5051 增长至期末的 0.5905，增长幅度为 16.91%；中游地区从期初的 0.0953 增长至期末的 0.1303，增长幅度为 36.73%；上游地区从期初的 0.0658 增长至期末的 0.1370，增长幅度为 108.21%。对于生态系统响应而言，上游地区 > 中游地区 > 下游地区，其中，上游地区均值明显高于中游地区和下游地区。从各区域期初期末值变化来看，上游地区和下游地区均有明显下降，分别从 2005 年的 0.5649 和 0.2747 下降至 2019 年的 0.5204 和 0.1241，而中游地区则表现出相反趋势，从 2005 年的 0.2868 上升至 2019 年的 0.3613。

2. 长江经济带市域生态环境承载力的水平测度

考虑到长江经济带各省内部生态环境承载力水平可能存在较大的差异性问题，进而无法准确把握长江经济带生态环境的实际状况和变化趋势，本章继续沿用表 3-1 的评价指标体系，进一步从长江经济带的市域层面展开评价。需要说明的是，由于相关统计数据资料的客观原因，会使得部分指标在地市级层面出现一定程度的缺失，对于部分缺失指标，本章通过使用其他可获取的近似指标或舍弃的方式来处理。市域生态环境承载力水平的测度方法仍然使用熵权 TOPSIS 法。此外，为了更好地比较不同时期生态环境承载力的变化趋势，选用了不同节点，即期初（2005 年）、期中（2012 年）、期末（2019 年）来进行比较分析。不同年份长江经济带各城市群的生态环境承载力水平测度结果如表 3-4、表 3-5、表 3-6 所示。

表 3-4 报告了不同年份长江经济带下游城市群生态环境承载力水平的测度结果。从下游城市群的总体均值来看，相较于期初值而言，期中与期末的综合承载力水平得到了显著提高，这从下游城市群市域层面也进一步得到了验证。分别从生态系统压力、生态系统状态、生态系统响应维度来看，相较于期初值而言，下游城市群生态系统压力与生态系统状态的期中与期末值也均得到了明显的提升。而生态系统响应则表现出相反的变化趋势，从期初的 0.5374 下降至期末的 0.2897，降幅约为 46.09%。从各年的极差值来看，

表3-4　不同年份长江经济带下游城市群生态环境承载力水平的测度结果

年份	综合承载力评价			生态系统压力			生态系统状态			生态系统响应		
	2005	2012	2019	2005	2012	2019	2005	2012	2019	2005	2012	2019
南京市	0.0829	0.1819	0.2264	0.0284	0.0621	0.0810	0.3800	0.7172	0.5260	0.5152	0.6384	0.4035
无锡市	0.0869	0.1864	0.2042	0.0363	0.0679	0.0647	0.3788	0.7441	0.4995	0.5908	0.6411	0.3626
徐州市	0.0372	0.0913	0.1293	0.0174	0.0450	0.0755	0.1413	0.2943	0.2628	0.3909	0.3157	0.2158
常州市	0.0677	0.1712	0.1812	0.0274	0.0670	0.0765	0.2765	0.5495	0.3830	0.5970	0.6267	0.3214
苏州市	0.0888	0.2112	0.2884	0.0363	0.0699	0.0711	0.3854	0.7889	0.5987	0.6307	0.7856	0.5935
南通市	0.8919	0.8631	0.7052	0.9578	0.8617	0.7327	0.2392	0.3932	0.4260	0.6395	0.3797	0.3329
连云港市	0.0367	0.0990	0.1096	0.0154	0.0452	0.0795	0.1325	0.3320	0.2014	0.4200	0.3424	0.1737
淮安市	0.0249	0.0801	0.6322	0.0171	0.0438	0.7232	0.0654	0.2300	0.1788	0.3320	0.2824	0.1396
盐城市	0.0366	0.1118	0.1240	0.0250	0.0453	0.0486	0.0909	0.2167	0.1774	0.4561	0.4413	0.2512
扬州市	0.0545	0.8805	0.6925	0.0248	0.8726	0.7971	0.2011	0.3748	0.3782	0.5631	0.4596	0.2156
镇江市	0.0633	0.9190	0.7148	0.0242	0.8682	0.7590	0.2633	0.5905	0.5001	0.5491	0.6136	0.3172
泰州市	0.0448	0.8407	0.6574	0.0275	0.8622	0.7191	0.1503	0.3686	0.3297	0.4628	0.2574	0.2133
宿迁市	0.0291	0.0853	0.1054	0.0286	0.0392	0.0536	0.0422	0.1558	0.1861	0.3227	0.3354	0.2004
杭州市	0.0860	0.1889	0.2565	0.0356	0.0710	0.0746	0.3641	0.6362	0.4438	0.6647	0.6955	0.5262
宁波市	0.0854	0.1648	0.2207	0.0358	0.0594	0.0679	0.3573	0.7348	0.5764	0.6795	0.5199	0.3823
温州市	0.0699	0.1255	0.1628	0.0500	0.0742	0.1164	0.2437	0.5159	0.4002	0.4601	0.3286	0.1858

续表

	综合承载力评价			生态系统压力			生态系统状态			生态系统响应		
年份	2005	2012	2019	2005	2012	2019	2005	2012	2019	2005	2012	2019
嘉兴市	0.8972	0.1537	0.1707	0.9597	0.0646	0.0585	0.2675	0.4768	0.3769	0.6645	0.5537	0.3127
湖州市	0.0571	0.8738	0.1579	0.0290	0.8678	0.0496	0.1923	0.3565	0.2925	0.6236	0.4405	0.3099
绍兴市	0.0749	0.1858	0.2190	0.0317	0.0653	0.0667	0.2836	0.6425	0.4166	0.7441	0.6871	0.4304
金华市	0.0595	0.1322	0.1412	0.0383	0.0535	0.0529	0.1754	0.3212	0.2364	0.6297	0.5063	0.2780
衢州市	0.0483	0.0876	0.1202	0.0211	0.0356	0.0382	0.1911	0.2120	0.2558	0.4608	0.3391	0.2298
舟山市	0.8853	0.8544	0.6528	0.9499	0.8591	0.7308	0.2103	0.4705	0.2854	0.5598	0.3143	0.1838
台州市	0.0607	0.1098	0.1317	0.0478	0.0633	0.0815	0.1785	0.3151	0.2818	0.4817	0.3639	0.2073
丽水市	0.0470	0.1071	0.1468	0.0388	0.0779	0.1216	0.1150	0.3259	0.2855	0.4590	0.2908	0.1669
最大值	0.8972	0.9190	0.7148	0.9597	0.8726	0.7971	0.3854	0.7889	0.5987	0.7441	0.7856	0.5935
最小值	0.0249	0.0801	0.1054	0.0154	0.0356	0.0382	0.0422	0.1558	0.1774	0.3227	0.2574	0.1396
极差值	0.8723	0.8389	0.6094	0.9443	0.8370	0.7588	0.3432	0.6331	0.4213	0.4214	0.5282	0.4539
下游均值	0.1632	0.3211	0.2980	0.1460	0.2601	0.2392	0.2219	0.4485	0.3541	0.5374	0.4650	0.2897

表 3-5　不同年份长江经济带中游城市群生态环境承载力水平的测度结果

	综合承载力评价			生态系统压力			生态系统状态			生态系统响应		
年份	2005	2012	2019	2005	2012	2019	2005	2012	2019	2005	2012	2019
合肥市	0.0567	0.1624	0.3236	0.0300	0.0589	0.0304	0.2348	0.6006	0.5926	0.4078	0.5718	0.7058
芜湖市	0.0901	0.9252	0.3627	0.0225	0.8647	0.0530	0.4218	0.4688	0.3679	0.5969	0.8289	0.9318
蚌埠市	0.0359	0.1239	0.1467	0.0143	0.0276	0.0435	0.1631	0.4423	0.3281	0.2627	0.4619	0.2740
淮南市	0.0272	0.0736	0.0663	0.0148	0.0399	0.0418	0.1224	0.2250	0.1428	0.2047	0.2584	0.1265
马鞍山市	0.1488	0.8740	0.1990	0.0211	0.8632	0.0504	0.7937	0.5975	0.3972	0.4289	0.3811	0.3932
淮北市	0.0346	0.0606	0.0568	0.0153	0.0289	0.0497	0.1517	0.2151	0.1458	0.2794	0.2139	0.0912
铜陵市	0.0947	0.1711	0.1641	0.0192	0.0418	0.0624	0.4657	0.6618	0.3393	0.4730	0.6339	0.3024
安庆市	0.0641	0.0802	0.1223	0.0144	0.0338	0.0746	0.3205	0.3508	0.2519	0.1970	0.2473	0.2012
黄山市	0.0412	0.0984	0.1299	0.0418	0.0623	0.0670	0.0872	0.2439	0.1904	0.2798	0.3269	0.2466
滁州市	0.0226	0.0654	0.1320	0.0178	0.0295	0.0398	0.1023	0.2921	0.3724	0.1240	0.2001	0.2173
阜阳市	0.0261	0.0190	0.0405	0.0309	0.0204	0.0366	0.0410	0.0832	0.0864	0.1850	0.0714	0.0841
宿州市	0.0131	0.0156	0.0569	0.0200	0.0169	0.0665	0.0294	0.0815	0.0642	0.0880	0.0559	0.0783
六安市	0.0123	0.0314	0.0948	0.0175	0.0312	0.0589	0.0364	0.0798	0.0717	0.1110	0.1136	0.1882
亳州市	0.0488	0.0119	0.0615	0.0542	0.0225	0.0556	0.0279	0.0490	0.1135	0.2255	0.0471	0.1055
池州市	0.0229	0.0548	0.1050	0.0281	0.0445	0.0623	0.0489	0.1539	0.3331	0.1401	0.1728	0.1247
宣城市	0.0251	0.0979	0.1712	0.0289	0.0433	0.0639	0.0524	0.1476	0.1226	0.1863	0.3899	0.3597
南昌市	0.0602	0.1067	0.1582	0.0327	0.0506	0.0695	0.2452	0.5771	0.3412	0.4336	0.2168	0.2779
景德镇市	0.0448	0.0864	0.0987	0.0201	0.0386	0.0402	0.1967	0.3064	0.2929	0.3269	0.2968	0.1547

续表

	综合承载力评价			生态系统压力			生态系统状态			生态系统响应		
年份	2005	2012	2019	2005	2012	2019	2005	2012	2019	2005	2012	2019
萍乡市	0.0293	0.0502	0.0990	0.0179	0.0354	0.0453	0.1262	0.2112	0.1303	0.2249	0.1453	0.2030
九江市	0.1006	0.0754	0.1032	0.0211	0.0359	0.0493	0.5097	0.3453	0.2819	0.3050	0.2165	0.1659
新余市	0.0343	0.0758	0.0830	0.0206	0.0445	0.0432	0.1501	0.3695	0.2242	0.2239	0.1774	0.1394
鹰潭市	0.0336	0.0666	0.1583	0.0181	0.0461	0.0522	0.1332	0.2983	0.2382	0.3200	0.1604	0.3212
赣州市	0.0267	0.0586	0.0945	0.0256	0.0339	0.0393	0.0943	0.2432	0.1245	0.1697	0.1811	0.1972
吉安市	0.0278	0.0471	0.0987	0.0296	0.0429	0.0482	0.0596	0.1332	0.1717	0.2381	0.1424	0.1920
宜春市	0.0242	0.0363	0.1446	0.0230	0.0357	0.0393	0.0503	0.1076	0.1080	0.2829	0.1163	0.3145
抚州市	0.0220	0.0417	0.1055	0.0271	0.0404	0.0740	0.0511	0.1046	0.0716	0.1317	0.1312	0.1951
上饶市	0.0254	0.0607	0.0534	0.0193	0.0364	0.0341	0.0992	0.2390	0.0966	0.2230	0.1900	0.1128
武汉市	0.0554	0.1556	0.2846	0.0253	0.0866	0.1254	0.2225	0.7542	0.5113	0.4908	0.3375	0.5273
黄石市	0.0739	0.0786	0.1150	0.0186	0.0284	0.0355	0.3576	0.3972	0.4054	0.3633	0.2144	0.1424
十堰市	0.0647	0.1015	0.1268	0.0411	0.0673	0.1142	0.2652	0.4639	0.2866	0.3022	0.2076	0.1039
宜昌市	0.0542	0.0938	0.7032	0.0326	0.0624	0.8320	0.1936	0.3912	0.3978	0.4952	0.2278	0.2149
襄阳市	0.0384	0.0631	0.1884	0.0187	0.0409	0.0772	0.1560	0.2650	0.3876	0.3515	0.1777	0.3398
鄂州市	0.0565	0.0583	0.0961	0.0138	0.0321	0.0392	0.2718	0.2748	0.2272	0.2999	0.1625	0.1763
荆门市	0.0346	0.0626	0.1243	0.0223	0.0343	0.0556	0.1427	0.3318	0.3197	0.2548	0.1394	0.2046
孝感市	0.0168	0.0361	0.0994	0.0137	0.0224	0.0318	0.0591	0.1158	0.1779	0.2009	0.1395	0.2022
荆州市	0.0218	0.0446	0.1047	0.0136	0.0254	0.0291	0.1037	0.2112	0.3147	0.1390	0.1323	0.1685
黄冈市	0.0402	0.0615	0.1134	0.0245	0.0253	0.0238	0.1452	0.2796	0.3891	0.3904	0.1903	0.1551

续表

	综合承载力评价			生态系统压力			生态系统状态			生态系统响应		
年份	2005	2012	2019	2005	2012	2019	2005	2012	2019	2005	2012	2019
咸宁市	0. 0273	0. 0499	0. 0852	0. 0215	0. 0285	0. 0339	0. 0992	0. 1793	0. 2009	0. 2495	0. 1748	0. 1604
随州市	0. 0267	0. 0662	0. 2222	0. 0253	0. 0433	0. 2310	0. 0585	0. 2810	0. 1444	0. 2924	0. 1802	0. 0703
长沙市	0. 0747	0. 1474	0. 2498	0. 0311	0. 0860	0. 1948	0. 3097	0. 6335	0. 5660	0. 6166	0. 3662	0. 2193
株洲市	0. 1051	0. 1115	0. 2153	0. 0185	0. 0673	0. 1365	0. 5337	0. 5519	0. 4867	0. 3795	0. 2148	0. 2890
湘潭市	0. 1243	0. 0821	0. 1557	0. 0128	0. 0368	0. 0444	0. 6465	0. 4222	0. 3671	0. 4855	0. 2026	0. 2852
衡阳市	0. 0628	0. 0833	0. 6318	0. 0126	0. 0266	0. 7044	0. 3154	0. 5163	0. 3929	0. 1816	0. 1239	0. 1401
邵阳市	0. 0401	0. 0487	0. 2798	0. 0141	0. 0362	0. 2807	0. 1939	0. 2461	0. 2541	0. 1961	0. 1035	0. 0999
岳阳市	0. 0996	0. 0818	0. 1191	0. 0190	0. 0276	0. 0297	0. 5061	0. 4835	0. 4579	0. 2995	0. 1545	0. 1176
常德市	0. 0219	0. 0432	0. 6388	0. 0189	0. 0374	0. 7499	0. 0941	0. 2042	0. 1847	0. 1330	0. 0929	0. 1171
张家界市	0. 0376	0. 0383	0. 6177	0. 0319	0. 0427	0. 7480	0. 1298	0. 1522	0. 2149	0. 2496	0. 0643	0. 0307
益阳市	0. 0216	0. 0260	0. 6080	0. 0130	0. 0205	0. 7139	0. 0722	0. 1274	0. 1096	0. 2726	0. 0832	0. 0736
郴州市	0. 0399	0. 0716	0. 1115	0. 0239	0. 0369	0. 0361	0. 1663	0. 3388	0. 3823	0. 2856	0. 1940	0. 1461
永州市	0. 0239	0. 0351	0. 6283	0. 0202	0. 0291	0. 7496	0. 1035	0. 2057	0. 1717	0. 1252	0. 0443	0. 0788
怀化市	0. 0397	0. 0693	0. 1071	0. 0287	0. 0419	0. 0543	0. 1673	0. 3675	0. 3689	0. 1556	0. 1329	0. 1179
娄底市	0. 0283	0. 0602	0. 1098	0. 0112	0. 0490	0. 0468	0. 1302	0. 2638	0. 4345	0. 2163	0. 1251	0. 0679
最大值	0. 1488	0. 9252	0. 7032	0. 0542	0. 8647	0. 8320	0. 7937	0. 7542	0. 5926	0. 6166	0. 8289	0. 9318
最小值	0. 0123	0. 0119	0. 0405	0. 0112	0. 0169	0. 0238	0. 0279	0. 0490	0. 0642	0. 0880	0. 0443	0. 0307
极差值	0. 1365	0. 9133	0. 6627	0. 0431	0. 8477	0. 8082	0. 7658	0. 7052	0. 5284	0. 5287	0. 7847	0. 9011
中游均值	0. 0466	0. 1027	0. 1955	0. 0226	0. 0712	0. 1454	0. 1973	0. 3094	0. 2722	0. 2788	0. 2141	0. 2106

表 3-6　不同年份长江经济带上游城市群生态环境承载力水平的测度结果

年份	综合承载力评价			生态系统压力			生态系统状态			生态系统响应		
	2005	2012	2019	2005	2012	2019	2005	2012	2019	2005	2012	2019
成都市	0.0478	0.1490	0.2130	0.0219	0.1151	0.1432	0.1993	0.5347	0.3813	0.3972	0.2830	0.3058
自贡市	0.0246	0.0408	0.6367	0.0101	0.0222	0.7467	0.0828	0.1765	0.1286	0.3163	0.1359	0.1247
攀枝花市	0.0581	0.1027	0.1529	0.0403	0.0581	0.0731	0.2301	0.5580	0.5707	0.2670	0.1626	0.1071
泸州市	0.0163	0.0361	0.0579	0.0126	0.0265	0.0351	0.0754	0.1996	0.1545	0.1327	0.0789	0.1066
德阳市	0.0347	0.0586	0.6110	0.0287	0.0305	0.7122	0.1186	0.2465	0.1889	0.2711	0.1851	0.0749
绵阳市	0.0353	0.0657	0.2143	0.0211	0.0311	0.0467	0.1012	0.2502	0.2167	0.4403	0.2220	0.4733
广元市	0.0269	0.0341	0.6074	0.0274	0.0436	0.7263	0.0574	0.0926	0.1144	0.2668	0.0637	0.0452
遂宁市	0.0226	0.7904	0.6205	0.0272	0.8568	0.7647	0.0304	0.0664	0.0577	0.1910	0.0627	0.0419
内江市	0.0089	0.0189	0.0519	0.0091	0.0185	0.0389	0.0498	0.1179	0.2051	0.0553	0.0419	0.0473
乐山市	0.0192	0.0340	0.6005	0.0192	0.0327	0.7088	0.0639	0.1420	0.1421	0.1872	0.0943	0.0466
南充市	0.0120	0.0291	0.0917	0.0122	0.0364	0.1046	0.0462	0.1051	0.1085	0.1429	0.0654	0.0583
眉山市	0.0137	0.7915	0.5969	0.0108	0.8560	0.7132	0.0525	0.1112	0.0902	0.1680	0.0553	0.0309
宜宾市	0.0214	0.0414	0.0382	0.0114	0.0237	0.0560	0.0798	0.1517	0.0885	0.2520	0.1500	0.0276
广安市	0.0142	0.0210	0.0938	0.0209	0.0311	0.1098	0.0287	0.0717	0.0841	0.1004	0.0550	0.0408
达州市	0.0280	0.0493	0.0309	0.0108	0.0175	0.0477	0.1350	0.2747	0.0569	0.1710	0.1192	0.0455
雅安市	0.0647	0.1063	0.6194	0.0624	0.0775	0.7370	0.1029	0.1029	0.0706	0.4554	0.3492	0.0837
巴中市	0.0231	0.0382	0.0997	0.0309	0.0522	0.1166	0.0144	0.0159	0.0890	0.0778	0.0262	0.0201
资阳市	0.0113	0.0522	0.6305	0.0132	0.0555	0.7688	0.0273	0.0996	0.0745	0.1577	0.1254	0.0738

续表

	综合承载力评价			生态系统压力			生态系统状态			生态系统响应		
年份	2005	2012	2019	2005	2012	2019	2005	2012	2019	2005	2012	2019
贵阳市	0.0439	0.0938	0.1862	0.0213	0.0441	0.0460	0.1778	0.3948	0.4971	0.3901	0.2840	0.3252
六盘水市	0.0266	0.0485	0.0996	0.0171	0.0353	0.0331	0.1219	0.2830	0.3260	0.1574	0.0410	0.1436
遵义市	0.0289	0.0431	0.0739	0.0237	0.0319	0.0402	0.0994	0.2136	0.2399	0.2619	0.1054	0.1064
安顺市	0.0203	0.0158	0.0800	0.0268	0.0232	0.0852	0.0385	0.0613	0.0934	0.1095	0.0608	0.0967
毕节市	0.8522	0.0178	0.1205	0.9628	0.0322	0.0824	0.0113	0.0088	0.0492	0.2062	0.0423	0.2211
铜仁市	0.8519	0.0207	0.0618	0.9524	0.0292	0.0339	0.0349	0.1068	0.1988	0.0000	0.0164	0.0975
昆明市	0.0647	0.0983	0.1483	0.0365	0.0521	0.0583	0.2638	0.4211	0.4800	0.4239	0.2762	0.1944
曲靖市	0.0329	0.0540	0.0361	0.0298	0.0373	0.0484	0.0989	0.2361	0.0817	0.2712	0.1482	0.0547
玉溪市	0.0653	0.0655	0.0838	0.0671	0.0619	0.0792	0.1194	0.2318	0.1750	0.2034	0.1159	0.1024
保山市	0.0382	0.0479	0.0690	0.0453	0.0604	0.0884	0.0225	0.0475	0.0480	0.1224	0.0469	0.0204
昭通市	0.0199	0.0149	0.0083	0.0269	0.0286	0.0316	0.0224	0.0478	0.0341	0.1169	0.0341	0.0140
丽江市	0.1047	0.8659	0.2289	0.1049	0.9156	0.1728	0.1579	0.3943	0.6340	0.2360	0.3040	0.1480
普洱市	0.0936	0.1359	0.1841	0.0987	0.1371	0.1844	0.0620	0.1716	0.2581	0.1390	0.1358	0.0804
临沧市	0.0607	0.0694	0.0990	0.0673	0.0806	0.1096	0.0261	0.0630	0.1692	0.1267	0.0347	0.0329
最大值	0.8522	0.8659	0.6367	0.9628	0.9156	0.7688	0.2638	0.5580	0.6340	0.4554	0.3492	0.4733
最小值	0.0089	0.0149	0.0083	0.0091	0.0175	0.0316	0.0113	0.0088	0.0341	0.0000	0.0164	0.0140
极差值	0.8433	0.8510	0.6284	0.9537	0.8981	0.7373	0.2525	0.5492	0.5999	0.4554	0.3328	0.4593
上游均值	0.0871	0.1266	0.2327	0.0897	0.1236	0.2420	0.0860	0.1875	0.1908	0.2130	0.1226	0.1060

生态环境承载力水平和生态系统压力水平均呈现出明显的下降趋势，这表明下游城市群之间内部的差距正在逐渐变小。而生态系统状态和生态系统响应的极差值在期中时最大，在期末时次之，在期初时最小，这表明下游城市群之间内部的差距总体上呈现出先变大后变小的变化趋势。

表 3 – 5 报告了不同年份长江经济带中游城市群生态环境承载力水平的测度结果。从中游城市群的总体均值来看，与下游城市群变化大致相同，相较于期初值而言，其期中与期末的综合承载力水平得到了明显提升，从期初的 0.0466 上升至期末的 0.1955，增长幅度约为 319.53%，增幅显著高于下游城市群。就生态系统压力、生态系统状态、生态系统响应维度的变化趋势来看，相较于期初值而言，中游城市群生态系统压力与生态系统状态的期末值呈现出不同程度的增长，分别从 2005 年的 0.0226 和 0.1973 上升至 2019 年的 0.1454 和 0.2722，增长幅度分别约为 773% 和 87.21%。而生态系统响应则表现出相反的变化趋势，从期初的 0.2788 下降至期中的 0.2141，再下降至期末的 0.2106。从期初与期末的极差值来看，生态环境承载力水平、生态系统压力水平以及生态系统响应水平均呈现出明显的上升趋势，这表明中游城市群之间内部的差距总体上正在逐渐变大。而生态系统状态的极差值则表现出下降趋势，从期初的 0.7658 下降至期末的 0.5284，降幅约为 31.00%，这表明下游城市群之间内部的差距正在逐渐变小。

表 3 – 6 报告了不同年份长江经济带上游城市群生态环境承载力水平的测度结果。从上游城市群的总体均值来看，其变化趋势与下游城市群、中游城市群大致相同，呈现出逐步递增的状态，从 2005 年的 0.0871 增长至 2019 年的 0.2327，增长幅度为 167.16%。就生态系统压力、生态系统状态、生态系统响应维度的变化趋势来看，相较于期初值而言，上游城市群的生态系统压力水平与生态系统状态水平表现出稳步递增的趋势，分别从期初的 0.0897 和 0.0860 增长至期末的 0.2420 和 0.1908，增长幅度分别为 169.79% 和 121.86%，这说明长江经济带上游城市群的生态系统压力正逐步加大，而生态系统状态正逐步改善。同样地，与中游城市群相同，上游城市群的生态系统响应表现出稳步递减的趋势，从 2005 年的 0.2130 下降至 2019 年的 0.1060，下降幅度约为 50.23%。从期初与期末的极差值来看，生态环境承载力水平、生态系统压力水平均呈现出明显的下降趋势，这表明上游城市群

之间内部的差距总体上正在逐渐变小。而生态系统状态则表现出逐步递增的趋势，从 2005 年的 0.2525 上升至 2019 年的 0.5999，增长幅度为 137.58%，这表明上游城市群之间内部的差距总体上正在逐渐变大。相较于生态系统压力水平和生态系统状态水平，上游城市群生态系统响应水平的期初期末极差值则无明显变化。

（二）生态环境承载力水平的均等化测算

1. 长江经济带省域生态环境承载力的均等化测算

基于 2005 ~ 2019 年长江经济带 11 个省（直辖市）生态环境承载力水平的综合得分，依据式（3 - 8）、式（3 - 9）和式（3 - 10）分别运用基尼系数、泰尔指数和对数离差均值对长江经济带整体和各区域生态环境承载力的差异化水平进行测算，具体结果见表 3 - 7 所示。

表 3 - 7 长江经济带省域整体生态环境承载力的差异化水平

年份	GINI	GE0	GE1
2005 年	0.4503	0.3390	0.3852
2006 年	0.4012	0.2658	0.3072
2007 年	0.4146	0.2838	0.3223
2008 年	0.3576	0.2121	0.2388
2009 年	0.4359	0.3224	0.3567
2010 年	0.3154	0.1605	0.1728
2011 年	0.3732	0.2272	0.2526
2012 年	0.2934	0.1390	0.1514
2013 年	0.2978	0.1419	0.1587
2014 年	0.3092	0.1574	0.1721
2015 年	0.3410	0.1909	0.2203
2016 年	0.3291	0.1767	0.2058
2017 年	0.3901	0.2448	0.2692
2018 年	0.3341	0.1783	0.2005
2019 年	0.3286	0.1712	0.1865

从表3-7报告的整体性差异程度结果来看，长江经济带各省之间生态环境承载力水平存在着较为明显的差异性。其中各项差异性指标均在期初时达到最大，在此之后，总体上表现出稳步下降的变化趋势，这表明长江经济带省域的生态环境承载力水平的整体差异在2005年之后在持续缩小。为深入研究各大区域之间以及区域内部的差异程度，本章沿用刘亦文等(2016)[65]、王宇昕等（2019）[66]文献的做法，依据式（3-11）、式（3-12），进一步地分别对样本整体的泰尔指数与对数离差均值进行分解，结果如表3-8和表3-9所示。

表3-8 基于泰尔指数分解的三大区域（省域）生态环境承载力差异

年份	下游地区	中游地区	上游地区	区域内差异	区域间差异	总差异	区域间差异占比
2005年	0.1572	0.0534	0.0677	0.1207	0.2645	0.3852	68.67%
2006年	0.1097	0.0201	0.0333	0.0764	0.2308	0.3072	75.12%
2007年	0.1081	0.0260	0.0435	0.0794	0.2428	0.3223	75.35%
2008年	0.0874	0.0230	0.0343	0.0615	0.1773	0.2388	74.26%
2009年	0.1115	0.0438	0.0502	0.0873	0.2694	0.3567	75.52%
2010年	0.0713	0.0171	0.0434	0.0519	0.1209	0.1728	69.95%
2011年	0.0925	0.0235	0.0604	0.0710	0.1817	0.2526	71.91%
2012年	0.0647	0.0140	0.0596	0.0516	0.0998	0.1514	65.94%
2013年	0.0691	0.0145	0.0207	0.0433	0.1154	0.1587	72.74%
2014年	0.0835	0.0273	0.0424	0.0593	0.1128	0.1721	65.54%
2015年	0.0939	0.0175	0.0131	0.0577	0.1627	0.2203	73.83%
2016年	0.0834	0.0074	0.0098	0.0487	0.1571	0.2058	76.33%
2017年	0.0866	0.0317	0.0427	0.0658	0.2034	0.2692	75.55%
2018年	0.0717	0.0158	0.0195	0.0465	0.1540	0.2005	76.79%
2019年	0.0532	0.0153	0.0335	0.0401	0.1464	0.1865	78.50%
平均值	0.0896	0.0234	0.0383	0.0641	0.1759	0.2400	73.07%

表3-9 基于对数离差均值分解的三大区域（省域）生态环境承载力差异

年份	下游地区	中游地区	上游地区	区域内差异	区域间差异	总差异	区域间差异占比
2005年	0.1536	0.0567	0.0707	0.0882	0.2508	0.3390	73.98%
2006年	0.1062	0.0204	0.0338	0.0487	0.2171	0.2658	81.68%

续表

年份	下游地区	中游地区	上游地区	区域内差异	区域间差异	总差异	区域间差异占比
2007 年	0.1045	0.0260	0.0450	0.0543	0.2295	0.2838	80.86%
2008 年	0.0842	0.0252	0.0383	0.0461	0.1661	0.2121	78.28%
2009 年	0.1079	0.0453	0.0591	0.0674	0.2550	0.3224	79.10%
2010 年	0.0689	0.0172	0.0468	0.0421	0.1184	0.1605	73.78%
2011 年	0.0895	0.0243	0.0646	0.0567	0.1705	0.2272	75.04%
2012 年	0.0624	0.0141	0.0624	0.0448	0.0942	0.1390	67.75%
2013 年	0.0671	0.0151	0.0221	0.0318	0.1101	0.1419	77.57%
2014 年	0.0813	0.0294	0.0489	0.0507	0.1068	0.1574	67.82%
2015 年	0.0928	0.0190	0.0133	0.0371	0.1538	0.1909	80.59%
2016 年	0.0815	0.0071	0.0097	0.0284	0.1483	0.1767	83.95%
2017 年	0.0849	0.0310	0.0440	0.0504	0.1944	0.2448	79.40%
2018 年	0.0714	0.0155	0.0197	0.0323	0.1461	0.1783	81.91%
2019 年	0.0530	0.0147	0.0356	0.0327	0.1385	0.1712	80.88%
平均值	0.0873	0.0241	0.0409	0.0474	0.1666	0.2141	77.51%

表 3－8 和表 3－9 报告了基于省域层面的差异性分解结构。泰尔指数和对数离差均值所描述的上游地区、中游地区、下游地区三大区域差异变化特征大致相同。其中，下游地区间省域的整体差异程度最大，泰尔指数与对数离差均值的平均值分别为 0.0896 和 0.0873；上游地区间省域的整体差异程度次之，泰尔指数与对数离差均值的平均值分别为 0.0383 和 0.0409；中游地区间省域的整体差异程度最小，泰尔指数与对数离差均值的平均值分别为 0.0234 和 0.0241。中游地区省域各年的差异水平整体上波动幅度最小，极大极小值之差分别为 0.0460 和 0.0495；下游地区省域各年的差异水平整体上波动幅度最大，极大极小值之差分别为 0.1040 和 0.1007。通过对比泰尔指数与对数离差均值的区域内部与区域之间差异程度的数值来看，区域内部的差异程度均显著小于区域之间的差异程度，这表明造成长江经济带生态环境承载力水平的不均等化程度主要是由上游、中游、下游各大区域之间的差异水平所导致的。另外，在总体差异中，区域间差异所占比重大体上经历了先上升后下降再上升的变化趋势，从期初期末时的占比比重来看，期末时的占比明显高于期初时的占比，这表明各大区域之间的差异日益凸显。

2. 长江经济带市域生态环境承载力的均等化测算

进一步地基于2005~2019年长江经济带108个地市级生态环境承载力水平的综合得分，同样地依据式（3-8）、式（3-9）和式（3-10）分别运用基尼系数、泰尔指数和对数离差均值对长江经济带整体和各区域生态环境承载力的差异化水平进行测算，结果见表3-10。

表3-10　长江经济带市域整体生态环境承载力的差异化水平

年份	GINI	GE0	GE1
2005年	0.5925	0.6325	0.8913
2006年	0.5932	0.6335	0.8506
2007年	0.5665	0.5682	0.6730
2008年	0.5434	0.5188	0.5915
2009年	0.5691	0.5705	0.6889
2010年	0.3647	0.2647	0.2165
2011年	0.5551	0.5524	0.8487
2012年	0.5848	0.6281	0.7034
2013年	0.5806	0.6158	0.9275
2014年	0.5037	0.4762	0.8489
2015年	0.5632	0.5740	0.7006
2016年	0.5637	0.5843	0.8850
2017年	0.2990	0.1899	0.1482
2018年	0.5567	0.5573	0.7225
2019年	0.4432	0.3523	0.3390

从表3-10报告的整体性差异程度结果来看，长江经济带各城市之间生态环境承载力水平存在着较为明显的差异性。基尼系数、泰尔指数以及对数离差均值除在部分年份（2010年和2017年）发生明显变化外，在其他年份的差异并不显著。这表明长江经济带市域生态环境承载力水平的整体差异并未发生明显改善。其中，基尼系数与对数离差均值均在2006年达到最大，分别为0.5932和0.6335，而泰尔指数的最大值则在2013年。为进一步探究上游、中游、下游城市群之间以及各城市群内部的差异水平，同样地依据式

(3－11)、式(3－12)，进一步地对泰尔指数和对数离差均值进行差异性结构分解，分解结果如表3－11和表3－12所示。

表3－11　基于泰尔指数分解的三大区域（市域）生态环境承载力差异

年份	下游地区	中游地区	上游地区	区域内差异	区域间差异	总差异	区域间差异占比
2005年	0.8559	0.1737	1.1274	0.7577	0.1336	0.8913	14.99%
2006年	0.7352	0.1604	1.0755	0.7152	0.1354	0.8506	15.92%
2007年	0.4720	0.1793	0.8417	0.4976	0.1754	0.6730	26.06%
2008年	0.4160	0.5115	0.7158	0.5245	0.0670	0.5915	11.33%
2009年	0.4634	0.3853	0.7600	0.5045	0.1844	0.6889	26.77%
2010年	0.0977	0.2187	0.2778	0.2012	0.0153	0.2165	7.09%
2011年	0.8435	0.2631	0.2123	0.5798	0.2689	0.8487	31.69%
2012年	0.4212	0.5659	0.8707	0.5729	0.1305	0.7034	18.56%
2013年	0.6598	0.8536	1.2328	0.8834	0.0441	0.9275	4.76%
2014年	1.0924	0.1562	0.2198	0.6452	0.2038	0.8489	24.00%
2015年	0.5018	0.1292	0.8105	0.5657	0.1349	0.7006	19.25%
2016年	0.8997	0.1620	1.2217	0.7593	0.1257	0.8850	14.21%
2017年	0.0573	0.1250	0.2146	0.1245	0.0236	0.1482	15.94%
2018年	0.6426	0.4267	0.8615	0.6269	0.0957	0.7225	13.24%
2019年	0.2459	0.3002	0.4327	0.3244	0.0146	0.3390	4.32%
平均值	0.5603	0.3074	0.7250	0.5522	0.1169	0.6690	16.54%

表3－12　基于对数离差均值分解的三大区域（市域）生态环境承载力差异

年份	下游地区	中游地区	上游地区	区域内差异	区域间差异	总差异	区域间差异占比
2005年	0.7306	0.1695	0.8676	0.5010	0.1314	0.6325	20.78%
2006年	0.6202	0.1563	0.9371	0.4908	0.1427	0.6335	22.53%
2007年	0.4955	0.1615	0.7216	0.4017	0.1665	0.5682	29.31%
2008年	0.4012	0.3930	0.6074	0.4583	0.0605	0.5188	11.65%
2009年	0.4738	0.2660	0.5820	0.4058	0.1647	0.5705	28.87%
2010年	0.1119	0.2403	0.3690	0.2499	0.0148	0.2647	5.59%
2011年	0.6204	0.2230	0.2095	0.3073	0.2451	0.5524	44.38%
2012年	0.4227	0.4042	0.7496	0.5106	0.1174	0.6281	18.69%
2013年	0.4188	0.5037	0.8095	0.5754	0.0404	0.6158	6.56%

续表

年份	下游地区	中游地区	上游地区	区域内差异	区域间差异	总差异	区域间差异占比
2014 年	0.6564	0.1597	0.2355	0.2925	0.1837	0.4762	38.57%
2015 年	0.3690	0.1371	0.9458	0.4283	0.1458	0.5740	25.39%
2016 年	0.6652	0.1548	0.8329	0.4692	0.1152	0.5843	19.71%
2017 年	0.0634	0.1457	0.2715	0.1647	0.0252	0.1899	13.27%
2018 年	0.5887	0.2872	0.6791	0.4703	0.0870	0.5573	15.60%
2019 年	0.2399	0.2745	0.5150	0.3381	0.0142	0.3522	4.02%
平均值	0.4585	0.2451	0.6222	0.4043	0.1103	0.5146	20.33%

表3－11和表3－12报告了基于市域层面的差异性分解结构。泰尔指数与对数离差均值所描述的上游城市群、中游城市群、下游城市群三大区域差异变化的特征基本一致。与省级层面的测度结果略微不同的是，上游城市群间市域的整体差异程度最大，泰尔指数与对数离差均值的平均值分别为0.7250和0.6222；下游城市群间市域的整体差异程度次之，泰尔指数与对数离差均值的平均值分别为0.5603和0.4585；中游地区间省域的整体差异程度最小，泰尔指数与对数离差均值的平均值分别为0.3074和0.2451。中游地区市域各年的差异水平整体上波动幅度最小，极大极小值之差分别为0.7285和0.3666；相较于中游地区而言，下游地区和上游地区市域各年的差异水平整体上波动幅度最大，泰尔指数的极大极小值之差分别为1.0352和1.0205，对数离差均值的极大极小值之差分别为0.6673和0.7364。对比泰尔指数与对数离差均值的区域内部与区域之间差异程度的数值来看，不同于省级层面的测度结果，在市域层面，区域之间的差异程度均显著的小于区域内部的差异程度。此外，区域间差异所占总差异的比重总体上经历了多次反复波动，从期初期末时的占比比重来看，期末时的占比明显低于期初时的占比，这表明各大区域城市群内部之间的差异日渐增大。

（三）生态环境承载力水平的空间相关性分析

1. 长江经济带省域生态环境承载力的空间相关性分析

使用Stata14.0软件对2005～2019年长江经济带11个省（直辖市）生

态环境承载力指数的面板数据进行空间自相关检验，依次计算出各年份长江经济带生态环境承载力指数的全局 Moran's I 指数，在空间权重矩阵的设定方面，分别选用 rook 一阶邻近矩阵和地理距离权重矩阵进行探讨。表 3 – 13 的实证结果表明：无论是在 rook 一阶邻近矩阵还是在地理距离权重矩阵下，2005 ~ 2019 年长江经济带省域生态环境承载力水平的全局 Moran's I 指数均为正值，且均至少通过了在 5% 水平下的显著性检验，这表明长江经济带省域生态环境承载力水平存在着显著的空间集聚效应。从同一权重矩阵下的 Moran's I 指数的数值变化来看，大体上呈现出先上升后下降然后再上升的变化趋势。从期初和期末的数值大小来看，Moran's I 指数表现出明显的递增趋势，分别从 2005 年的 0.215 和 0.022 上升至 2019 年的 0.308 和 0.063，这表明长江经济带省域生态环境承载力的空间集聚程度总体上在持续增强，也意味着各地区生态环境承载力水平呈现出逐渐分化的趋势。不同空间权重矩阵下，2005 年和 2019 年的 Moran's I 散点图如图 3 – 1 所示。

基于各年份长江经济带各省（直辖市）生态环境承载力水平的 Moran's I 散点图，可依据横纵坐标轴所划分的四个象限将各省（直辖市）生态环境承载力水平分为四大类。其中，第一象限为“高—高”集聚区，即该省（直辖市）与其周边相邻省（直辖市）的生态环境承载力指数均处于相对较高水平，空间关联呈现扩散效应；第二象限为“低—高”集聚区，即该省（直辖市）的生态环境承载力水平较低而其周边相邻省（直辖市）的生态环境承载力水平较高，空间关联为过渡区域；第三象限为“低—低”集聚区，即该省（直辖市）与其周边相邻省（直辖市）的生态环境承载力指数均处于相对较低水平，空间关联为低水平区域；第四象限为“高—低”集聚区，即该省（直辖市）的生态环境承载力水平较高而其周边相邻省（直辖市）的生态环境承载力水平较低，空间关联呈现极化效应。其中，第一和第三象限所对应的 Moran's I 指数为正，而第二和第四象限所对应的 Moran's I 指数为负，分别表明落在其各自范围内具有空间的正相关性和空间的负相关性。

图 3 – 1 中 2005 年与 2019 年 11 个省（直辖市）生态环境承载力的局域集聚显示，比较期初与期末时 Moran 散点图的变化来看，散点的整体分布情况并未发生明显变化，生态环境承载力的集聚主要出现在“高—高”和“低—低”集聚区。其中，浙江、江苏、上海为“高—高”集聚区，贵州、云

rook一阶邻近矩阵

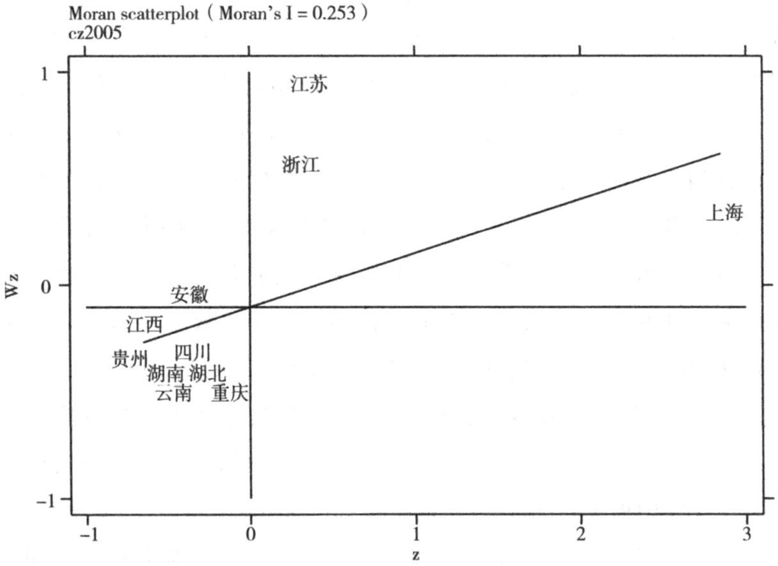

2005年省域生态环境承载力的Moran's I 散点图

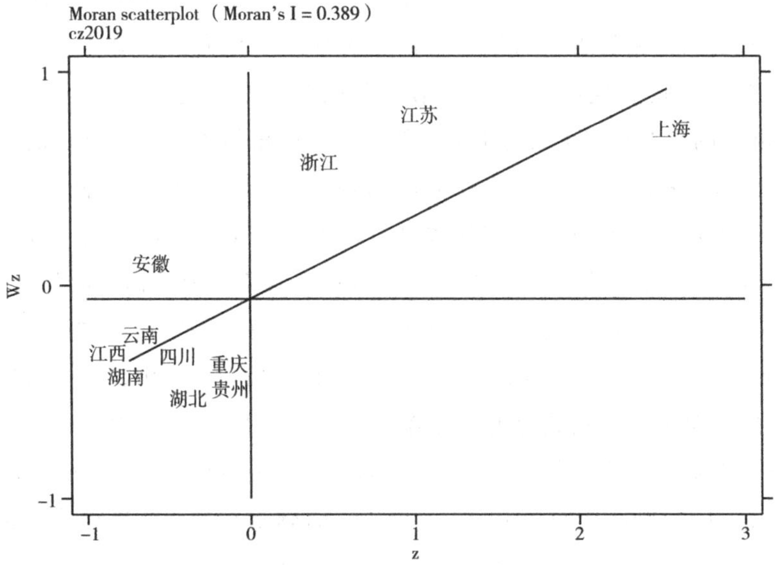

2019年省域生态环境承载力的Moran's I 散点图

地理距离权重矩阵

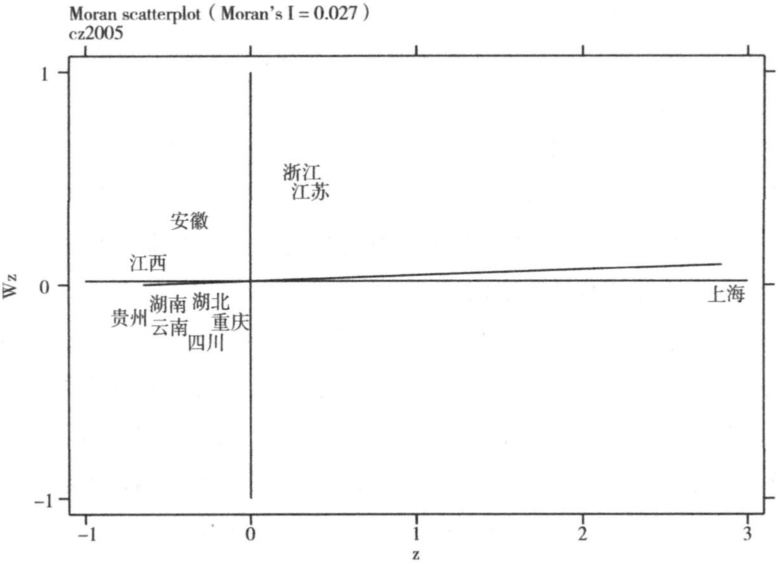

2005年省域生态环境承载力的Moran's I 散点图

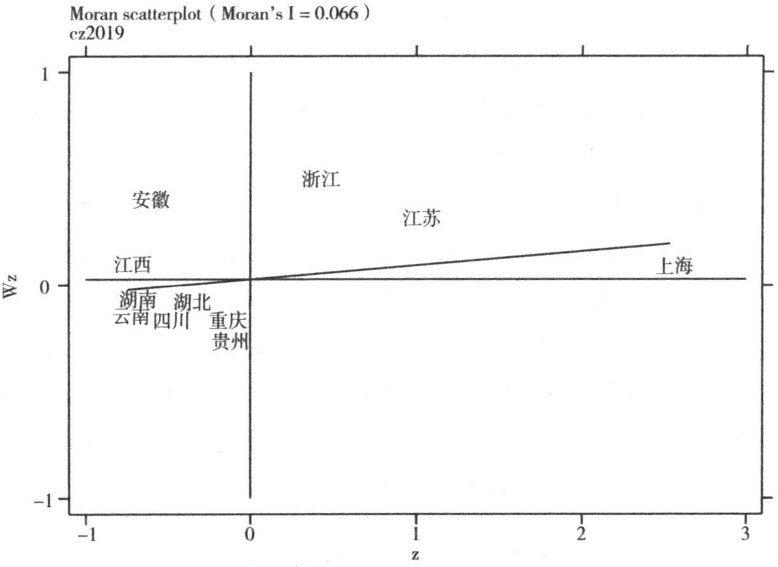

2019年省域生态环境承载力的Moran's I 散点图

图 3 – 1　不同空间权重下，长江经济带省域生态环境承载力空间分布的 Moran's I 散点图

南、四川、重庆、湖南、湖北为“低—低”集聚区，表现出生态环境承载力较高地区与生态环境承载力较低地区在地理空间分布上具有相对集中的特征。其中，“高—高”集聚区主要分布在长江经济带的下游地区，而“低—低”集聚区主要分布在长江经济带的上游地区。

从生态环境承载力指数的空间自相关检验可知，长江经济带省域生态环境承载力的空间相关性总体上呈现出先上升后下降然后再上升的变化趋势，即省域生态环境承载力的空间集聚性表现为先增强后减弱然后再增强。那么，造成上述变化趋势的主要因素又是什么？本章针对生态环境承载力的评价包含生态系统压力、生态系统状态和生态系统响应三大类。为探究生态环境承载力空间集聚性呈先上升后下降然后再上升的变化趋势的主要原因，本章进一步地计算上述三大类指标的 Moran's I 指数，希望通过分析各大类指标的变化趋势来寻找生态环境承载力空间集聚特征变化的原因，不同空间权重下，三大类指标的 Moran's I 指数计算结果详见表 3 - 13。

从表 3 - 13 报告的三大类指标的 Moran's I 指数变化趋势来看，生态系统压力、生态系统状态和生态系统响应总体上呈现出增长趋势，以空间权重为 rook 一阶邻近矩阵为例，Moran's I 指数值分别从 2005 年的 0. 266、0. 193 和 0. 259 增长至 2019 年的 0. 355、0. 259 和 0. 314，这说明生态系统压力、生态系统状态和生态系统响应的空间集聚程度日益显著。综合上述三大类指标的 Moran's I 指数变化趋势可以发现，在 2005 ~ 2008 年，生态系统压力与生态系统状态变化是加剧生态环境承载力集聚的主要原因；在 2009 ~ 2014 年，生态系统状态和生态系统响应 Moran's I 指数值表现出明显的增长趋势，有且只有生态系统压力 Moran's I 指数呈递减趋势，由此可见，生态系统压力是在此期间促使生态环境承载力由集聚走向平衡的主要因素；在 2014 年之后，虽然生态环境承载力的空间集聚性表现为持续上升的趋势，但生态系统响应空间集聚性的大幅度下降对长江经济带省域生态环境承载力由平衡走向集聚的发展趋势带来了一定程度的负向作用。

2. 长江经济带市域生态环境承载力的空间相关性分析

进一步地对 2005 ~ 2019 年长江经济带 108 个地级市生态环境承载力指数的面板数据进行空间自相关检验，依次计算出各年份长江经济带生态环境

表 3－13　　长江经济带省域生态环境承载力及各大类指标的 Moran's I 指数变化

年份	2005	2006	2007	2008	2009	2010	2011	2012	2013	2014	2015	2016	2017	2018	2019
权重矩阵	rook 一阶邻近矩阵														
生态环境承载力	0.215 *** (3.054)	0.269 *** (3.167)	0.280 *** (3.192)	0.309 *** (3.312)	0.302 *** (3.364)	0.251 *** (2.550)	0.271 *** (2.971)	0.222 ** (2.333)	0.267 *** (2.817)	0.212 *** (2.470)	0.264 *** (2.986)	0.278 *** (3.041)	0.273 *** (2.823)	0.285 *** (2.814)	0.308 *** (2.730)
生态系统压力	0.266 *** (2.672)	0.387 *** (2.754)	0.406 *** (2.687)	0.427 *** (2.812)	0.423 *** (2.814)	0.331 *** (2.350)	0.359 *** (2.579)	0.394 *** (2.610)	0.410 *** (2.745)	0.379 *** (2.558)	0.365 *** (2.618)	0.385 *** (2.625)	0.355 *** (2.678)	0.312 *** (2.602)	0.355 *** (2.861)
生态系统状态	0.193 *** (3.172)	0.205 *** (3.186)	0.202 *** (3.112)	0.219 *** (3.282)	0.202 *** (3.236)	0.217 *** (3.160)	0.206 *** (3.126)	0.219 *** (3.175)	0.232 *** (3.149)	0.242 *** (3.061)	0.247 *** (3.053)	0.247 *** (3.013)	0.237 *** (2.921)	0.268 *** (2.992)	0.259 *** (2.889)
生态系统响应	0.259 ** (1.931)	0.436 *** (2.886)	0.357 *** (2.389)	0.148 * (1.399)	0.188 ** (2.002)	0.223 ** (1.923)	0.145 * (1.380)	0.089 (1.085)	0.202 * (1.613)	0.246 ** (1.816)	0.405 *** (2.704)	0.477 *** (3.155)	0.375 *** (3.009)	0.377 *** (2.808)	0.314 *** (2.650)
权重矩阵	地理距离权重矩阵														
生态环境承载力	0.022 *** (2.488)	0.049 *** (2.811)	0.059 *** (2.958)	0.073 *** (3.127)	0.077 *** (3.283)	0.022 ** (2.035)	0.050 *** (2.682)	0.009 ** (1.824)	0.035 *** (2.348)	0.002 ** (1.816)	0.031 *** (2.395)	0.043 *** (2.572)	0.045 *** (2.492)	0.042 *** (2.378)	0.063 *** (2.550)
生态系统压力	0.051 *** (2.529)	0.120 *** (3.009)	0.131 *** (2.988)	0.147 *** (3.212)	0.142 *** (3.169)	0.080 *** (2.382)	0.105 *** (2.792)	0.130 *** (2.970)	0.135 *** (3.079)	0.107 *** (2.695)	0.097 *** (2.676)	0.111 *** (2.787)	0.096 *** (2.763)	0.067 *** (2.499)	0.100 *** (2.988)
生态系统状态	0.021 *** (2.633)	0.028 *** (2.731)	0.027 *** (2.684)	0.040 *** (2.968)	0.032 *** (2.876)	0.041 *** (2.926)	0.032 *** (2.795)	0.038 *** (2.864)	0.043 *** (2.887)	0.048 *** (2.867)	0.049 *** (2.856)	0.048 *** (2.821)	0.043 *** (2.707)	0.058 *** (2.862)	0.054 *** (2.778)
生态系统响应	0.084 *** (2.408)	0.196 *** (3.873)	0.166 *** (3.396)	0.040 ** (1.908)	0.034 ** (2.159)	0.141 ** (3.440)	0.115 *** (2.932)	0.084 *** (2.544)	0.119 *** (2.853)	0.131 *** (2.962)	0.176 *** (3.601)	0.217 *** (4.214)	0.162 *** (3.931)	0.166 *** (3.755)	0.137 *** (3.590)

注："*""**""***"分别表示在 10%、5% 和 1% 的显著性水平；括号内为 z 值。

承载力指数的全局 Moran's I 指数，在空间权重矩阵的设定方面，仍然沿用在省级层面分析中的 rook 一阶邻近矩阵和地理距离权重矩阵进行研究，测度结果如表 3-14 所示。表 3-13 的实证结果显示：与省级层面测度结果不同的是，无论是在 rook 一阶邻近矩阵还是在地理距离权重矩阵下，长江经济带市域生态环境承载力的全局 Moran's I 指数仅在部分年份通过了在 10% 水平的显著性检验，这表明长江经济带市域生态环境承载力水平只在部分年份存在着显著的空间集聚效应。从同一权重矩阵下通过显著性水平检验的 Moran's I 指数的数值变化来看，大体上呈现出先上升后下降然后再上升的变化趋势，这在一定程度上与省级层面测度的结果一致。从期初值和期末值的变化来看，Moran's I 指数经历了从不显著到显著的动态变化。其中，在 rook 一阶邻近矩阵下，Moran's I 指数从 2005 年的 -0.009 增长到 2019 年的 0.307；在地理距离权重矩阵下，Moran's I 指数从 2005 年的 0.027 增长到 2019 年的 0.361。这表明长江经济带市域生态环境承载力的空间集聚程度表现出显著的增强趋势，也意味着各地区生态环境承载力水平呈现出逐渐分化的趋势。不同空间权重矩阵下，不同年份的 Moran's I 散点图如图 3-2 所示。

同样，基于各年份长江经济带地市级生态环境承载力水平的 Moran's I 散点图，可依据横纵坐标轴所划分的四个象限将各城市生态环境承载力水平分为四大类。图 3-2 展示了分别在 rook 一阶邻近矩阵和地理距离权重矩阵下长江经济带 108 个城市生态环境承载力的区域集聚状况。为了更好地探究空间集聚的变化态势，分别选取了 2005 年、2010 年、2015 年和 2019 年来进行分析。从 Moran's I 散点图的变化趋势来看，无论是在 rook 一阶邻近矩阵还是在地理距离权重矩阵下，Moran's I 散点的整体分布情况均发生了明显改变。在 2005 年时，生态环境承载力的集聚基本上出现在“低—低”集聚区；但到 2010 年时，部分城市在图中位置发生变迁，即从 LL 到 HH、LL 到 HL、LL 到 LH，生态环境承载力的集聚较为均匀地分布在了各个象限内；在 2015 年时，Moran's I 散点的整体分布情况大致与其在 2005 年时相同，仅有个别城市发生跃迁变化；在 2019 年时，生态环境承载力的集聚主要出现在“高—高”和“低—低”集聚区，即 Moran's I 散点主要分布在第一、第三象限，表现出生态环境承载力较高地区与生态环境承载力较低地区在地理空间分布上具有相对集中的特征。

rook一阶邻近矩阵

Moran scatterplot（Moran's I = –0.014）
cz2005

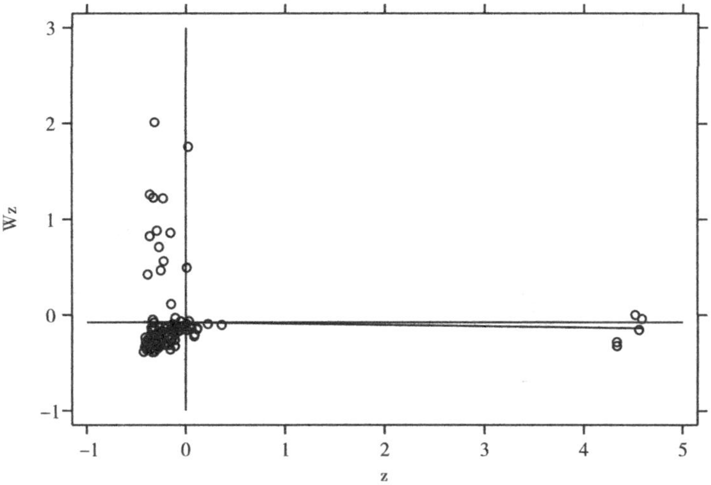

2005年市域生态环境承载力的Moran's I 散点图

Moran scatterplot（Moran's I = 0.192）
cz2010

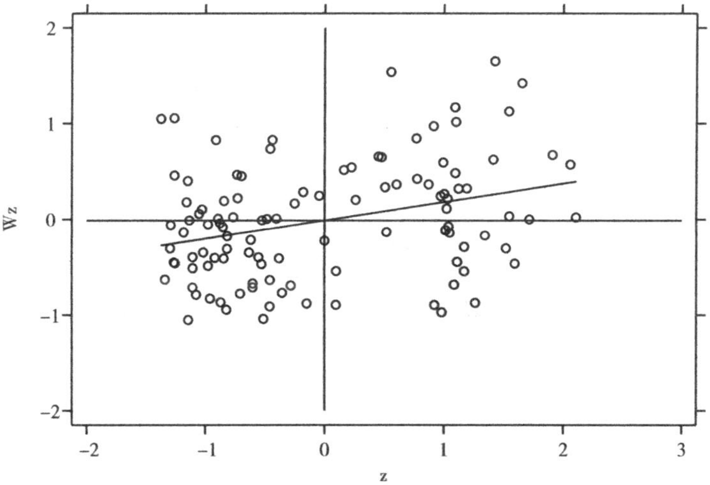

2010年市域生态环境承载力的Moran's I 散点图

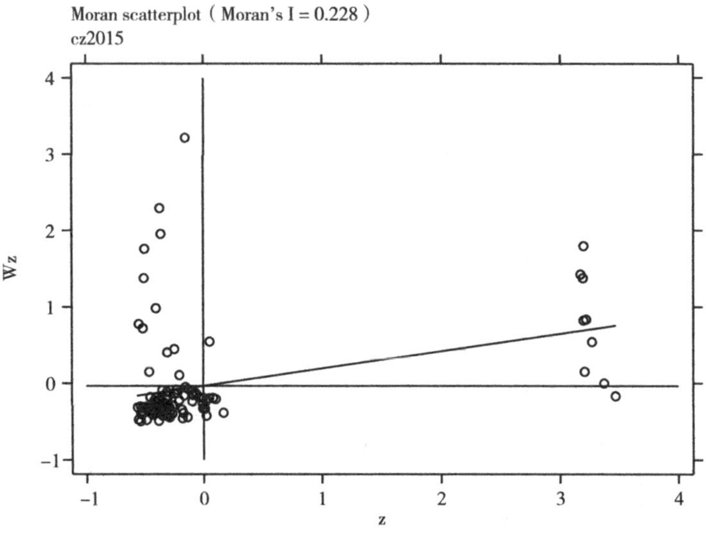

2015年市域生态环境承载力的Moran's I 散点图

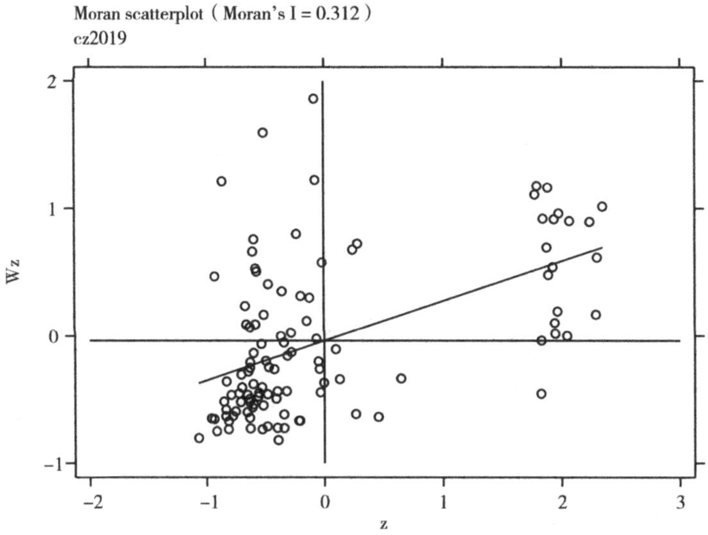

2019年市域生态环境承载力的Moran's I 散点图

地理距离权重矩阵

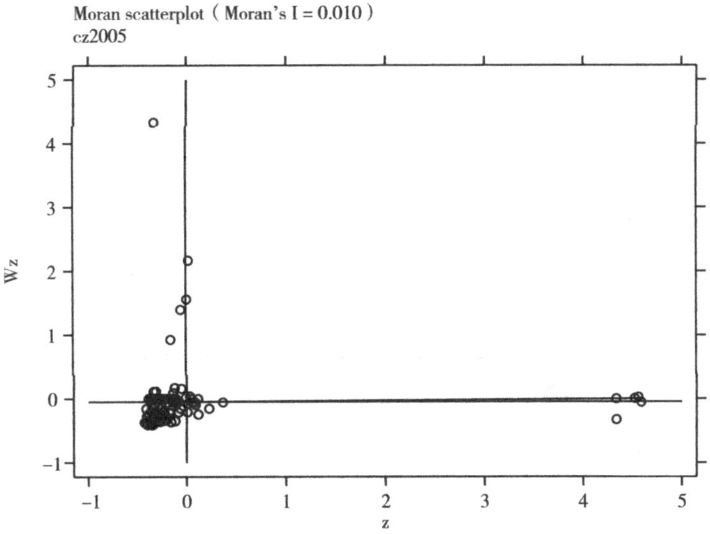

2005年市域生态环境承载力的Moran's I 散点图

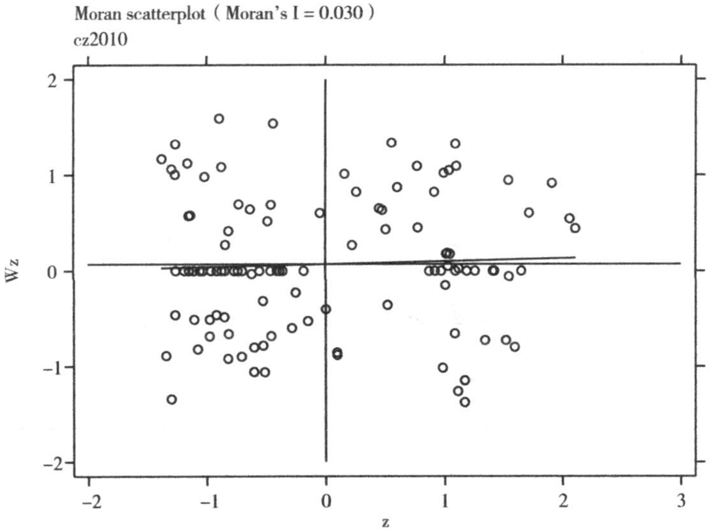

2010年市域生态环境承载力的Moran's I 散点图

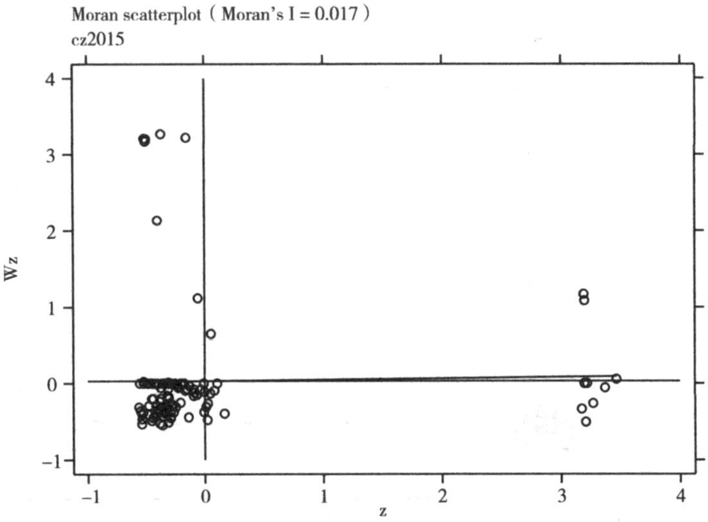

2015年市域生态环境承载力的Moran's I 散点图

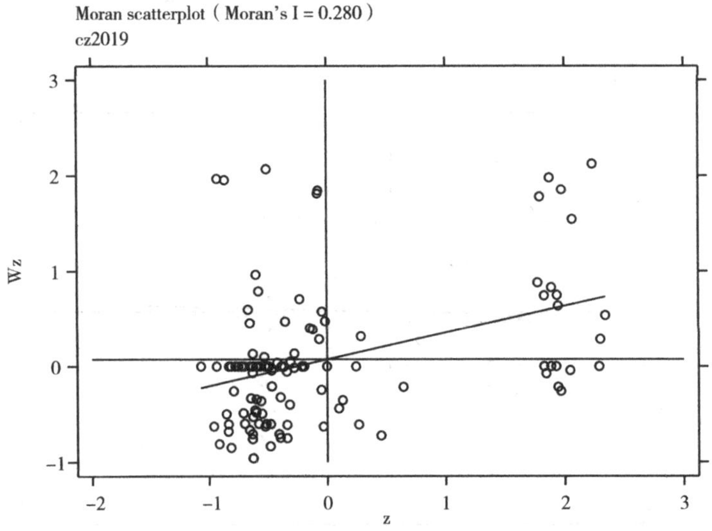

2019年市域生态环境承载力的Moran's I 散点图

图 3－2 不同空间权重下，长江经济带市域生态环境承载力空间分布的 Moran's I 散点图

表 3－14　　长江经济带市域生态环境承载力及各大类指标的 Moran's I 指数变化

年份	2005	2006	2007	2008	2009	2010	2011	2012	2013	2014	2015	2016	2017	2018	2019
权重矩阵	rook 一阶邻近矩阵														
生态环境承载力	－0.009 (0.007)	0.054 (1.070)	0.169*** (2.921)	－0.008 (0.024)	0.015 (0.402)	0.164*** (2.734)	0.038 (0.993)	0.229** (3.868)	0.008 (0.319)	0.022** (2.037)	0.238*** (4.054)	－0.017 (－0.140)	0.376*** (6.081)	0.107** (1.947)	0.307*** (5.020)
生态系统压力	－0.011 (－0.033)	0.058 (1.147)	0.148*** (2.582)	－0.024 (－0.234)	－0.045 (－0.589)	0.169*** (2.821)	0.012 (0.454)	0.156*** (2.680)	－0.009 (0.003)	－0.002 (0.694)	0.267*** (4.539)	－0.013 (－0.066)	0.449*** (7.231)	0.076* (1.423)	0.302*** (4.961)
生态系统状态	0.298*** (4.961)	0.242*** (4.067)	0.175*** (3.206)	0.205*** (3.586)	0.296*** (4.879)	0.248*** (4.080)	0.268*** (4.402)	0.237*** (3.911)	0.296*** (4.884)	0.221*** (3.651)	0.228*** (3.760)	0.237*** (3.900)	0.273*** (4.473)	0.272*** (4.447)	0.276*** (4.510)
生态系统响应	0.464*** (7.490)	0.479*** (7.742)	0.470*** (7.606)	0.502*** (8.131)	0.481*** (7.858)	0.491*** (8.023)	0.236*** (4.586)	0.582*** (9.424)	0.558*** (9.077)	0.440*** (7.209)	0.420*** (6.852)	0.306*** (5.239)	0.384*** (6.373)	0.295*** (4.923)	0.301*** (5.065)
权重矩阵	地理距离权重矩阵														
生态环境承载力	0.027 (0.370)	0.179** (1.907)	0.389*** (3.908)	0.035 (0.432)	0.201** (2.064)	0.182** (1.807)	0.059 (0.848)	0.576*** (5.687)	0.030 (0.437)	0.039** (1.737)	0.086 (0.940)	0.001 (0.112)	0.419*** (4.054)	0.189** (1.980)	0.361*** (3.523)
生态系统压力	0.005 (0.147)	0.142* (1.540)	0.319*** (3.234)	－0.058 (－0.472)	0.065 (0.732)	0.140* (1.411)	0.008 (0.228)	0.389*** (3.879)	－0.003 (0.067)	0.004 (0.624)	0.123* (1.306)	－0.008 (0.017)	0.379*** (3.672)	0.157** (1.660)	0.393*** (3.838)
生态系统状态	0.730*** (7.152)	0.799*** (7.826)	0.726*** (7.638)	0.747*** (7.585)	0.903*** (8.734)	0.713*** (6.874)	0.685*** (6.592)	0.632*** (6.090)	0.841*** (8.146)	0.581*** (5.611)	0.507*** (4.902)	0.487*** (4.716)	0.506*** (4.887)	0.495*** (4.776)	0.452*** (4.376)
生态系统响应	0.823*** (7.899)	0.837*** (8.035)	0.841*** (8.080)	0.832*** (8.006)	0.873*** (8.467)	0.889*** (8.632)	0.370*** (4.244)	1.174*** (11.297)	1.153*** (11.140)	0.995*** (9.658)	0.872*** (8.437)	0.718*** (7.230)	0.879*** (8.633)	0.653*** (6.423)	0.656*** (6.494)

注："*""**""***"分别表示在 10%、5% 和 1% 的显著性水平；括号内为 z 值。

从生态环境承载力指数的空间自相关检验可知，长江经济带市域生态环境承载力的空间相关性总体上表现为仅在部分年份存在着显著的空间集聚效应，从同一权重矩阵下通过显著性水平检验的 Moran's I 指数的数值变化来看，大体上呈现出先上升后下降然后再上升的变化趋势。沿用省级层面的分析方法，进一步地计算生态系统压力、生态系统状态和生态系统响应三大类指标的 Moran's I 指数，希望通过分析各大类指标的变化趋势来寻找生态环境承载力空间集聚特征变化的原因，在不同空间权重下，三大类指标的 Moran's I 指数计算结果详见表 3 - 14。

从表 3 - 14 报告的三大类指标的 Moran's I 指数变化趋势来看，无论是在 rook 一阶邻近矩阵还是在地理距离权重矩阵下，生态系统状态和生态系统响应各年的 Moran's I 指数均至少通过了在 1% 水平的显著性检验，表明长江经济带市域生态环境承载力水平存在显著的空间集聚效应，而生态系统压力的 Moran's I 指数却仅在部分年份通过了相关的显著性检验。结合市域生态环境承载力指数的空间自相关性可以发现，生态系统压力是影响生态环境承载力由集聚走向平衡的主要因素，对长江经济带市域生态环境承载力由集聚走向平衡的发展趋势带来了一定程度的负向作用。

四、研究结论

为探究长江经济带生态文明建设的整体进程与演变特征，本章借鉴现有学者研究成果，并结合长江经济带的发展现状和目标战略，基于“压力—状态—响应”（PSR）模型，设计出长江经济带生态环境承载力评价指标体系。选用熵权 TOPSIS 法分别从省域层面和市域层面，对 2005 ~ 2019 年长江经济带 11 个省（直辖市）108 个地级市生态环境承载力的水平状况展开深入评价。基于测度结果，运用基尼系数、泰尔指数、对数离差均值等差异性评价指标探究了各大区域的差异性特征，并进一步运用空间自相关分析对其空间分布特征进行探究。主要研究结论如下：

第一，从 11 个省（直辖市）生态环境承载力指数的测度结果来看，2019 年长江经济带生态环境承载力指数整体均值为 0.2767。更进一步看，上游、中游、下游地区的均值分别为 0. 2050、0. 1560、0. 5331。其中，上游地区和中游地区的均值皆明显小于整体均值。这表明当前长江经济带生态环境承载力尚未达到较高水平的主要原因是上游地区和中游地区生态环境承载力水平相对较低所造成的。

第二，从 2005 ~2019 年长江经济带省域生态环境承载力指数的变动情况看，在整体层面，综合承载力评价均值大体上呈现出稳步递增的变化趋势，从 2005 年期初的 0. 2213 增长至 2019 年的 0. 2767，增长幅度为 25. 03%，这表明长江经济带省域生态环境承载力的整体水平是逐渐变好的趋势。

第三，从各大区域的生态环境承载力指数均值水平来看，下游地区 > 上游地区 > 中游地区，各地区均呈现出逐渐递增的变化趋势。从生态环境承载力指数均值变化情况来看，增长幅度最大的为上游地区，达 67. 62%；增长幅度次之的为中游地区，达 43. 91%，增长幅度最小的下游地区，仅为 5. 82%。这表明长江经济带省域生态环境承载力整体水平的提高主要是来源于上游地区和中游地区生态环境承载力水平的改善。

第四，从不同年份 108 个地级市生态环境承载力指数的测度结果来看，各城市群总体均值的综合承载力水平均得到了不同程度的提升，其中，增长幅度最大的为中游城市群，增长幅度次之的为上游城市群，而增长幅度最小的为下游城市群。从 2005 年期初与 2019 年期末的极差值来看，下游城市群与上游城市群生态环境承载力水平均表现出明显的下降趋势，这表明下游城市群与上游城市群之间内部的差距正在逐渐变小。

第五，从长江经济带生态环境承载力指数的区域差异性来看，存在着较为明显的省际、市域差异。从长江经济带省际层面看，各项差异性指数均在期初时达到最大，在此之后，总体上表现出稳步下降的变化趋势，这表明长江经济带省域的生态环境承载力水平的整体差异在 2005 年之后在不断缩小。即在推进长江经济带生态文明建设过程中，各省级政府生态环境合作共治的成效在持续改善。

综上所述，通过生态承载力空间演变分析，我们认识到长江经济带三大区域生态承载力水平不高，从三大区域层面看，中游地区低于上游地区、上游地区低于下游地区；从市域层面看，区域间存在明显的差异性。因此，长江经济带发展应尊重并顺应自然环境变化，将生态环境承载力作为经济发展的硬约束条件，各区域也应根据其生态承载力状况决定经济规模数量，在生态承载力的阈值内确定产业选择、产业布局、产业规模，同时通过产业政策，如绿色财政、绿色金融等政策推动传统产业的转型升级，大力发展新型环保型产业，推进生产方式的转型与变革，实现绿色低碳和高质量发展目标。

| 第四章 |

长江经济带生态公共产品合作供给的现状与问题

随着中国经济进入高质量发展阶段，生产高质量生态产品满足人民群众对美好生态环境的需求，成为当前政府的主要职责之一。但政府单一供给模式已经难以满足人民日益增长的对高质量生态产品的公共需求，因此建立政府、市场和第三部门等多元主体协同参与的合作供给模式便成为生态治理的必然选择。鉴于此，为了积极推动长江经济带多元化合作机制的构建，需要对长江经济带合作供给现状与问题进行分析，剖析其成因，为政府相关部门制定和实施相关政策措施，推动合作供给与协同治理提供理论依据。

一、长江经济带生态公共产品合作供给

（一）合作供给主体的职能定位

长江经济带涵盖上下游、干支流、左右岸及河、湖、湿地等全流域，涉及水生态、空气、森林、土壤、生物多样性等生态公共产品，由于流域生态系统的整体性、系统性、不可分割性和跨界性，完全由中央政府或某一地方政府单独承担生态公共产品的供给责任都难以完成，因此，需要破除行政区、部门和行业企业间的界限，统筹考虑上游与下游、干流与支流、城市与乡村等生态关系，构建政府、市场、个人和社会公益组织合作供给模式，实现合作共治、互利共赢。

在生态公共产品合作供给模式中，供给主体包括政府、市场、第三部门和个人。其中政府在生态公共产品供给中，以社会公共利益为目标，处于主导地位。一是作为生态公共产品的生产者推动生态文明建设，为社会提供纯生态公共产品与服务，以满足全体社会成员对美好生态环境的需求，以体现社会公平正义。二是作为生态公共产品多元供给主体的培育者，承担竞争环境营造，推动市场主体和社会非营利组织成长壮大的责任。三是作为生态公共产品多元合作供给的监督者，对参与供给的行为及过程施以有效的监督和管理，确保供给质量、效率，提升居民的满意度。

市场是以营利为主要目标，通过社会资本的介入，为生态公共产品供给提供资金来源、减轻了政府财政压力；由于市场主体的参与，政府可以充分遴选合作伙伴，并通过与市场主体的 PPP 模式，有效提高供给效率，使得公众能够获得多样性的生态公共产品与服务。

第三部门主要以社会公益性、慈善性为目标，作为部分补充性生态公共产品主要承担者，与政府、市场主体分工协同、平等合作，通过无偿捐赠、志愿服务、公益性收费服务等方式，弥补生态公共产品供给中的“双失灵”，可有效解决政府在部分生态公共产品供给领域由于资金、技能、人员等方面缺乏而带来的相关问题（李蕊，2019）[67]，更有利于提高对社会公众的回应性、满意度。

当然多元合作也可能因为相互博弈带来效率低下、追求自身利益最大化导致公共伦理缺失、边界不清可能带来责任模糊等问题及由此带来的问责困境以及合作关系造成政府和社会独立性侵蚀的问题等（夏志强和付亚南，2013）[50]。面对这些问题，可以通过法律法规等制度性规制，通过多元合作供给机制构建，特别是成本分担与利益共享机制建立以及公共价值观的倡导与践行和公共责任边界的清晰划分来加以解决。

（二）政府与市场合作供给状况

政府与市场合作供给状况，主要介绍政府与社会资本合作供给的 PPP 模式。

PPP 模式是政府部门与私人部门通过签订长期协议，将由公共基础设施建设以及公共服务供给任务委托于企业或其他社会组织完成，企业和社会组织依据协议约定获得相关经济利益，政府根据协议履行供给的监管职能。通过这种合作模式，使得政府部门与企业和其他非营利组织不仅能够共同承担责任与风险，而且还能够共同分享所创造的利益（李繁荣和戎爱萍，2016）[68]。

根据世界银行（World Bank）的分类标准与方法，PPP 模式下政府和私人企业的合作方式主要包含三大类：外包类、特许经营类、私有化类。而当某一具体领域在选择 PPP 模式时，究竟适合选用何种合作方式，不仅与该项目涉及的流域有关，还应充分考虑地区差异、经济发展水平及经济体制。

生态环境保护是我国推行政府和社会资本合作（PPP）模式的重点领域。

2013 年以来，我国财政部会同有关部门大力推广政府和社会资本合作（PPP）模式。在配套支持方面，中央政府充分发挥财政资金的引导作用，通过推动设立总规模为 1 800 亿元的 PPP 基金，对符合条件的 PPP 项目予以以奖代补的资金支持。

2015 年 1 月《关于推行环境污染第三方治理的意见》的出台标志着在国家层面上明确了环境污染第三方治理的基础地位。所谓环境污染第三方治理，是指排污方与治污方建立一种污染治理的委托代理关系，根据污染治理的效果，排污方按照合同约定对治污方给予费用支付的新模式。

2015 年 4 月，财政部与环保部联合印发《关于推进水污染防治领域政府和社会资本合作的实施意见》，加强水污染防治专项资金政策引导，鼓励和引导社会资本参与水污染防治项目建设和运营。

2016 年 10 月，财政部、环境保护部等部门联合印发《关于联合公布第三批政府和社会资本合作示范项目加快推动示范项目建设的通知》，推介环保 PPP 项目，助推更多环保项目实现融资和落地实施①。这些政策颁布，有力推动了我国生态环境 PPP 项目设计实施，PPP 项目数、项目投资规模呈现良好发展态势（见表 4－1，表 4－2）。

① 生态环境部网站，网址：www.mee.gov.cn。

表 4-1 我国 PPP 入库项目发起时间分布

年份	2009~2012	2013	2014	2015	2016	2017	2018	2019
投资规模（亿元）	83.47	114.79	550.2	3 243.42	3 258.2	7 957.29	3 289.29	1 154.09
项目数量（个）	19	26	107	591	583	1 108	575	187

资料来源：中国环境报，2020 年 5 月 19 日。

表 4-2 我国 PPP 入库项目领域分布

投资领域	综合治理	污水处理	垃圾处理	湿地保护	垃圾发电	生物质能	其他
投资规模（亿元）	10 288.69	5 180.56	1 567.61	725.72	579.03	18.98	1 290.22
项目数量（个）	930	1 374	510	78	121	6	177

资料来源：赵云皓等，2020[69]。

截至 2019 年底，我国累计拥有 3 196 个生态环境 PPP 项目入库，投资总金额达到 1.97 万亿元。从入库项目发起时间看，2017 年的项目数量与投资规模均达到最大值。

为有效化解地方政府面临的潜在债务风险，2019 年 3 月 7 日，《关于推进政府和社会资本合作规范发展的实施意见》（财金〔2019〕10 号）相关措施的出台，要求审慎新上政府付费项目，并设立 5%、7% 和 10% 等多条红线警示风险。该文件的颁布对以政府付费为主的生态环境 PPP 项目的规划与实施带来了一定程度的影响。2019 年的 PPP 项目数量和投资规模相较于 2018 年出现了明显程度的下降，下降幅度分别达 67.5% 和 64.9%。

从生态环境 PPP 项目的数量来看，其中污水处理项目最多（1 374 个），占项目数量比重的 42.99%；综合治理项目次之（930 个），占项目数量比重的 29.10%；垃圾处理、垃圾发电项目数量紧随其后，分别为 510 个、121 个；而湿地保护项目、排水和生物质能项目较少，均低于 100 个。

从生态环境 PPP 项目的投资规模来看，综合治理项目投资规模最大（10 288.69 亿元），占入库项目总投资比重的 52.22%。这是因为综合治理项目主要包括打包河道整治、污水处理新改建、生态修复等多类型建设内容，这些项目对资金投入的体量要求普遍较高；污水处理项目投资规模次之(5 180.56 亿元)，占入库项目总投资比重的 26.30%；垃圾处理、湿地保护、垃圾发电、生物质能以及其他等领域投资总规模累计 4 181.56 亿元，仅占入库项目总投资比重的 21.48%。

从生态环境 PPP 项目的区域分布特征来看，项目数量较多的地区为华东、华中、西南，而数量占比最小的地区为西北与东北。对于长江经济带而言，其项目数量累计 1 404 个，投资规模达到 9 494.27 亿元，入库数量和投资规模分别占全国生态环境 PPP 项目总量的 43.9% 和 48.3%。长江经济带各省（直辖市）财政自给率和公共服务发展水平较高，入库项目数量和投资规模大约接近全国的一半。在九省二市中，项目数量最多为贵州省，累计 244 个，占到长江经济带项目总数量的 17.38%，湖北省与安徽省的数量紧随其后，分别为 225 个和 173 个。另外四个数量均超过 100 个的省份分别是四川、湖南、浙江以及江苏。

从入库时间来看，在 2009 ~ 2016 年，不论是全国生态环境 PPP 项目的数量还是投资规模均呈现出显著的递增变化。鉴于 2017 年《长江经济带生态环境保护规划》的颁布实施，当年入库项目的数量与投资规模最多，分别占历年累计总数比重的 35.2% 和 40.5%。但在 2017 年以后，由于受到财政政策与 PPP 政策收紧的影响，入库项目数量和投资规模则均表现出了明显的递减变化。

目前生态环境领域中的 PPP 项目，已经有超过一半处于执行阶段，项目数量和投资规模占比分别达到了 52.8% 和 58.0%；而处于识别阶段、准备阶段、采购阶段的项目数量和投资规模已分别达到 16.7% 与 13.2%、14.8% 与 13.6%、15.8% 与 15.2%。伴随党中央污染防治攻坚战与生态环保督察工作的持续深入推进，以及生态环境 PPP 政策的逐步精细化，学界判定我国生态环境 PPP 入库项目的实施进度将会明显加快（赵云皓等，2020）[69]。

PPP 模式在我国实践探索的过程中取得一系列的经验，同时也暴露出不少问题，除了法律保障不完善、资本缺乏、管理效率低等在各个领域均存在问题之外，在政府与企业合作供给而构建 PPP 供给机制时还存在如下值得关注的问题：包括政府财政要求和 PPP 项目需求的冲突问题、公共产品质量保障体系问题、融资需求与债务风险并存问题、评估与监管体系缺失等问题都需要加以关注并着力解决。

（三）政府间合作供给状况

政府间合作供给是指在跨区域生态合作治理的过程中，政府间基于共同利益通过正式的或非正式的制度安排在整合资源、分工协作、互惠互利的前提下以集体行动供给生态公共产品行为。

政府间合作供给的客体指的是针对跨区域性的生态环境产品，需要两个及以上的地方政府联合供给，并推动跨区域生态环境合作共治。地方政府间跨区域合作供给的制度是指依据一定的协议和章程而创设的，以实现资源在区域之间重新配置，实现区域最大化生态效益的制度。

长期以来，尤其是自 2016 年以来，长江经济带九省二市积极围绕“共抓大保护、不搞大开发”开展了许多跨行政区域合作的有益探索与实践，构建了“1+3”（“1”是指长江经济带发展领导小组，“3”是指长江经济带上、中、下游地区）的长江经济带省际区域协商合作机制，签订了多项合作协议（见表 4-3）。

表 4-3　　长江经济带 11 个省市间签订的合作协议

区域	合作省会	协议文件	省际合作内容
长江全流域	11 个省市	《关于建立长江经济带省际协商合作机制意见》	长江经济带发展领导小组会同沿江 11 省市建立了覆盖全流域的长江经济带省际协商合作机制
	11 个省市	《关于办理长江流域生态环境资源案件加强协作配合的意见》	建立跨省案件办理的司法协作机制、生态环境修复跨省协同工作机制
长江上游地区	重庆、四川、云南、贵州	《关于建立长江上游地区省际协商合作机制的协议》	建立上游地区省际协商合作联席会机制，推进生态、基础设施等领域一体化发展
	四川、重庆	《深化川渝合作深入推动长江经济带发展行动计划（2018～2022 年）》	落实生态优先、绿色发展战略任务，构筑长江上游生态屏障

续表

区域	合作省会	协议文件	省际合作内容
长江中游地区	湖北、江西、湖南	《关于建立长江中游地区省际协商合作机制的协议》	构建决策、协调、执行三级架构，推动中部地区生态环境、基础设施等领域一体化发展
	湖北、江西、湖南	《长江中游湖泊保护与生态修复联合宣言》	对长江中游湖泊保护与生态修复重要性形成共识，明确通过协同推进体制机制建设，来为生态长江建设贡献“中游样本”
长江下游地区	上海、江苏、浙江、安徽	签署了关于长三角生态一体化、江浙皖沪数字经济、产业承接、交通、森林旅游、民政等一体化协议	政府间合作目标是在生态建设、产业布局、交通互联互通、社会领域共治等方面推进一体化建设

资料来源：李志萌和盛方富（2020）[70]。

为了推动长江经济带政府间合作供给，中央政府先后出台了建立生态补偿机制的相关文件，为地方间合作供给中的成本共担、利益共享的利益机制提供了政策性指导（见表4－4）。

表4－4　　　　　　中央长江经济带生态补偿文件

时间	政府部门	文件名	内容
2016.5	国务院	《关于健全生态保护补偿机制的意见》	探索建立多元化生态保护补偿机制，逐步扩大补偿范围，合理提高补偿标准
2016.12	财政部、环境保护部、国家发改委、水利部	《关于加快建立流域上下游横向生态保护补偿机制的指导意见》	明确提出到2020年，各省（区、市）行政区域内流域上下游横向生态保护补偿机制基本建立；跨省流域初步建立横向生态保护补偿机制，探索开展跨多个省份流域上下游横向生态保护补偿试点。到2025年，跨多个省份的流域上下游横向生态保护补偿试点范围进一步扩大
2018.1	财政部、环境保护部、国家发改委、水利部	《中央财政促进长江经济带生态保护修复奖励政策实施方案》	提出了多渠道支持建立长江经济带生态补偿与保护长效机制的综合性奖补措施

续表

时间	政府部门	文件名	内容
2018.2	财政部	《关于建立健全长江经济带生态补偿与保护长效机制的指导意见》	提出建立激励引导机制，统筹一般性转移支付和相关专项转移支付资金，加快推进市场化、多元化生态保护补偿机制建设工作意见
2018.12	国家发改委、财政部、自然资源部、生态环境部、水利部、农业农村部、人民银行、国家市场监管总局、林草局	《建立市场化、多元化生态保护补偿机制行动计划》	提出健全资源开发补偿制度、优化排污权配置、完善水权配置、健全碳排放权抵消机制、发展生态产业、完善绿色标识、推广绿色采购、发展绿色金融、建立绿色利益分享机制的9个重点
2019.11	国家发改委	《生态综合补偿试点方案》	提出进一步健全生态保护补偿机制，提高资金使用效益意见

资料来源：作者整理。

通过梳理总结以上文件内容，发现围绕长江流域生态补偿的机制设计具有以下四个特点：一是建立具有激励效应的生态补偿机制，通过将财政资金投入数量与生态环保工作成效相挂钩，进而有效地提高地方生态保护主动性与积极性。二是赋予地方政府充分自主权，根据地方生态环境状况开展生态补偿模式探索与实践。三是完善投入机制，加大资金投入力度，优先解决流域生态环境重点、难点问题。四是建立市场化、多元化的生态补偿机制，推动社会资本参与生态环境保护（赵子君和俞海，2019）[71]。据统计，2017～2020年，中央财政共拿出180亿元作为保护与修复长江流域生态环境的奖励资金，引导长江经济带各区域建立流域横向生态补偿机制。

在中央政策引导下，长江经济带省政府间积极探索长江流域上下游、左右岸及支流流域生态补偿方式，签署了政府间生态补偿协议（见表4－5）。

表4－5　　长江经济带政府间生态补偿协议

序号	省份	协议名称
1	云南、贵州、四川	三省共同签署《赤水河流域横向生态保护补偿协议》
2	浙江、安徽	两省共同签署《关于新安江流域上下游横向生态补偿的协议》
3	重庆、湖南	两省市共同签署《酉水流域横向生态保护补偿协议》
4	江西、湖南	两省共同签署《渌水流域横向生态保护补偿协议》
5	江西、广东	两省共同签署《东江流域上下游横向生态补偿协议》

资料来源：作者整理。

综上所示，长江经济带流域省级层面围绕跨区域支流签署了生态保护的横向补偿协议，多数省份的生态补偿资金已形成一定规模，有效地协调了各区域间利益关系，提高了流域合作治理成效。

国家“十三五”期间，在中央支持与推动下皖浙两省通过生态补偿试点积累了宝贵经验，形成了“新安江模式”。2012～2017 年建设目标，断面水质为优，稳定保持在Ⅱ类。达到考核目标要求第一轮：2012～2014 年，上下游省份已落实补偿资金 6 亿元，中央财政支持 9 亿元；第二轮：2015～2017 年上下游省份已落实补偿资金 12 亿元，中央财政支持 9 亿元；第三轮：2018～2020 年上下游省份已落实补偿资金 2 亿元，在跨省流域生态补偿机制试点后，皖浙两省已进入第三轮合作，试点转向常态化运行。这是我国跨流域生态补偿的成功案例。

在省级政府推动下，省以下各级地方政府及部门也签署了生态环境合作治理的相关协议。最早推动地方政府间生态合作的长三角太湖水环境协同治理比较典型，从 20 世纪 80 年代后期直到 2007 年，随着城镇化进程加快和工农业迅速发展，生活污水排放增加，化肥农药大量使用以及工业污染物排放剧增，使太湖北部梅梁湾开始频繁爆发蓝藻水华等，整个太湖水体的氮、磷浓度升高，环湖大堤使太湖沿岸部分水域芦苇湿地消失，2007 年爆发的严重“湖泛”造成整个无锡市的供水危机（贺菊花，2018；陈雨婕，2013）[72－73]。

太湖“蓝藻”事件爆发后，引起社会广泛关注和相关部门高度重视。江苏省政府明确“治湖先治河”理念，无锡市、苏州市先后制定了党政一把手与主管领导负责制，全面实行“河长制”或“湖长制”，并配合实施水质断面控制的目标责任制与考核方法，为了彻底解决太湖水污染问题，江苏省政府还分别于 2008 年、2012 年，印发有关文件，分别在太湖 15 条主要入湖河流与全省范围内推行河长制，并出台《江苏省太湖水污染防治条例》，从制度上提供全面治理的法律依据。

从太湖治理模式的实践经验来看，推行河长制，能够将传统河湖治理中资源分散和碎片化职能等问题有效整合，另外，实施垂直的河长负责制还能够有效提升政府统筹与响应能力，进而实现系统治理；坚持政府主导，地方政府分级负责，坚持水环境治理中的企业执行与社会参与，发挥了多元主体的协同作用，对国内其他河湖生态治理具有重要的借鉴意义。

另一典型案例是2020年12月，重庆市财政局与四川省财政厅共同签订了《长江流域川渝横向生态保护补偿实施方案》，选取长江干流和濑溪河流域作为首轮试点河流。两省市每年共同出资3亿元设立川渝流域保护治理资金，专项用于相关流域的污染综合治理、生态环境保护、环保能力建设，以及产业结构调整等工作。其中，川渝长江干流保护治理资金2亿元，由川渝分别出资1亿元设立；川渝长江重要支流（濑溪河）保护治理资金1亿元，由川渝分别出资0.5亿元设立①。

从长江经济带政府生态合作实践看，中央通过自上而下的政策引导和激励措施带动了11个省市签订了系列协议并开展各类合作，而在各类合作中生态环境保护与治理是主要内容，同时大多数省市签订了长江流域支流的生态保护补偿协议，长江经济带全流域发展不平衡不充分是制约长江一体化大保护的重要瓶颈（李志萌和盛方富，2020）[70]，沿江九省二市间虽签订系列协议并开展各类合作初探，但遗憾的是目前还尚未达成真正意义上的长江流域一体化生态合作协议，也未能形成全流域具有法律效力的生态补偿机制，只能被动地依赖中央对地方的纵向转移支付来获得生态补偿的资金，难以根本解决流域生态问题，难以通过合作供给形成"一江同体，多元共治"的格局。

（四）政府与环保民间组织的合作供给状况

我国民间组织主要是指在各级民政管理机构和工商管理部门注册备案并接受管理的基金会、社会团体和民办非企业单位三类社会组织。在民政部门注册的主要是各种学会、促进会、基金会和协会等社团组织，在工商管理部门注册的主要是非营利组织。在国际上民间组织与慈善组织、非政府组织、第三部门、社会团体等通常被看成同一类组织。

环保民间组织是民间组织的一个重要组成部分，是指不以营利为目的，致力于自然资源和生态环境保护与改善，并为社会提供生态公共产品与服务

① 四川省政府网，http：//www.sc.gov.cn。

的公益性社会组织。为促进环保民间组织健康有序参与环境保护工作，国家颁布的一系列环保政策文件中都有支持环境民间组织参与环境保护的有关内容，这为环保组织参与环境保护提供了良好的政策氛围和环境。无论是新修订的《环境保护法》，还是国务院印发的《大气污染防治行动计划》《水污染防治行动计划》《土壤污染防治行动计划》等文件都有专门的篇幅强调“信息公开”“公众参与”和“社会监督”等内容，环境保护部发布的《关于推进环境保护公众参与的指导意见》和《环境保护公众参与办法》进一步细化了公众参与环境保护的原则、内容、渠道等具体内容。而近期出台的《关于加强对环保社会组织引导发展和规范管理的指导意见》则是专门针对环保社会组织开展工作制定的政策规范性文件，为环保社会组织进一步的发展和规范指明了方向（郭红燕，2017）[74]。随着国家政策鼓励与支持，我国环保民间组织得到了快速发展，根据《2015 年社会服务发展统计公报》，截至 2015 年底，全国生态环境类社会团体已有 7 000 个，生态环境类民办非企业单位 433 个，共计 7 433 个（郭红燕，2017）[74]。民间组织参与环境保护行为，实际上就是民间组织为社会提供生态公共产品的行为，其中离不开政府的引导、支持，也离不开与政府的合作。政府与环保民间组织合作，主要包括“政府委托，合同外包”“政府主导，互助合作”“机构间合作”的方式。

1. 政府委托，合同外包

“政府委托，合同外包”是指地方政府环保部门根据治理计划和目标，通过合约形式委托环保民间组织完成合同约定的环保任务目标并给予资金支持。从供给视角来分析，就是通过合同的形式将生态公共产品外包给民间组织，由民间组织按照合同要求为民众提供生态公共产品，政府根据环保民间组织完成情况，给予资金支持。近年来这种方式在长江经济带多有实施，如，2013 年贵州清镇市政府与贵阳公众环境教育中心签订了《公众参与环保第三方监督委托协议书》，由贵阳公众环境教育中心作为第三方力量监督政府环保工作和企业污染防治行为。其运行模式就是政府和企业出资，由公众环境教育中心人员会同所聘环保人士作为环境监督员共同参与实施对环境污染的监督。这样既降低了当地政府的行政成本，也收到了很好的环境治理效果（贵阳公众环境教育中心，2015）[75]。

2. 政府主导，互助合作

“政府主导，互助合作”是政府主导由环保民间组织参与的互助合作供给与合作治理。近年来我国环保民间组织在政府主导下，联合编制污染企业名单，联合社会力量对污染企业实施监督，对污染企业提起环境公益诉讼，开展生态公益展览、环境宣传教育、环境社会调查、环境科研、环境社会服务、环境社会对话、环境社会补偿等活动（王华，2016）[76]，通过与政府的合作，既弥补了政府在生态环保上的短板，又提升了环保民间组织能力。

3. 机构间联合协作

随着环保民间组织的不断壮大，其社会影响力不断增强，并成为影响政府、企业生态决策的重要力量，成为政府决策、环保行动的重要参与者，同时通过环保组织的横向联系、协同配合，在一些重大生态环境治理活动中发挥了环保民间组织的独特作用，产生了良好效果。为了推动治理城市黑臭水体的难点问题，由阿拉善 SEE 基金会与公众环境研究中心等十余家环保社会组织共同成立的城市黑臭河治理民间观察网络，定期盘点各地城市内河的黑臭现象，并联合发布黑臭河治理观察系列简报，引起政府与社会极大关注，越来越多的城市居民积极响应并主导参与这一活动，有效地推动了政府与民间积极互动，提升了黑臭水体治理效果（郭红燕，2017）[74]。环保民间组织通过建立互联网交流平台，如“中华环保民间组织可持续发展年会”“人与草原网络”以及“NGO 发展交流网”等，为共同关心环保问题的社会各界搭建了一个互动交流平台，起到了信息共享、资源共享作用。

当然，政府与环保民间组织的合作供给，受到一些因素的影响与制约，阻碍了双方的深度合作。例如环保民间组织在环境治理和生态公共产品供给中的主体地位不明确影响了作用的发挥，在环境专门立法层面，我国并未明确民间环保组在环境治理中享有的主体地位，从一般性法律法规中也很难看到有专门的立法对其合法性进行确认，此外还存在经费短缺、自身专业能力不足、与政府互动交流机制不健全、与其他社会主体互动合作不足等问题。因此，需要从立法、资金筹措、专业能力建设、与政府合作机制构建、与其他社会主体互动合作上加强建设，推动政府与环保民间组织合作治理与合作供给。

通过政府间、政府与企业间、政府与民间环保组织的合作长江经济带生态环境明显改善。以水质为例，2019 年 1 ~ 11 月，长江流域优良水质比例已达到 82.5%，同比上升 3.4 个百分点，优于全国平均水平 6.1 个百分点；劣Ⅴ类水质比例为 1.2%，同比下降 0.5 个百分点，优于全国平均水平 2.8 个百分点。

通过多元合作供给政策的实施，长江经济带生态环境合作共治成效逐步显现出来，以生态环境承载力测度为例，通过本章的实证研究可以发现长江经济带综合承载力均值从 2005 年期初的 0.2213 增长至 2019 年的 0.2767，增长幅度为 25.03%，大体上呈现出稳步递增的态势，这表明长江经济带省域生态环境质量呈现出逐渐变好的趋势；从生态环境承载力指数均值变化情况来看，上游地区增长幅度最大，达 67.62%；中游地区增长幅度次之，达 43.91%，下游地区增长幅度为 5.82%，三大区域均有增长，但上游地区和中游地区生态环境承载力水平得到明显改善，反映流域源头治理取得了良好成效；再从长江经济带各省级层面生态环境承载力差异性变动趋势看，差距在不断缩小，这表明随着长江经济带生态文明建设的不断推进，各省域间政府的生态环境合作治理成效也在持续改善。

二、长江经济带生态合作供给存在的问题

通过实证分析：尽管证明了长江经济带生态环境质量正在逐步向好，以政府为主导的多元合作取得了一定的成效。但是不容忽视的问题是 2019 年长江经济带生态环境承载力指数整体均值仅为 0.2767，表明长江经济带生态环境承载力很低，加强生态环境保护的极端重要性有待突出。目前在多元合作供给推动生态环境治理上仍然存在一些不容忽视的主要问题。

（一）沟通协商机制不顺畅

沟通协商机制是指多元主体在生态环境合作治理，为社会提供生态公共

产品过程中，处理各方关系，减少交易费用的运行方式。沟通协商依赖于双方的沟通顺畅、信息共享，实现的最优前提是完全信息。但在生态环境合作治理中，由于信息不对称，存在“信息孤岛”现象，使相关方在决策、经费投入、行动上都存在较大偏差，影响到生态治理的效果。作为生态环境治理主导的地方政府在当前闭合式的行政区模式下，地方分割加剧了信息的碎片化，加上政府在行政区经济利益博弈上人为地画地为牢，为地方政府协商机制的形成造成较大障碍，进而致使各行政区域间难以建立相互信赖与尊重的合作关系。

（二）执行机制不稳定

执行机制的不稳定表现在合作协议缺乏法律效力与执行组织缺乏权威性。一方面，我国跨行政区生态环境合作治理的协议以非正式协议为主，主要来自地方领导人之间的口头承诺，这种合作共识具有临时性、约束力不强的特点。在缺乏相互信任且未有稳定运行机制的保障下，地方政府间的合作协议便很难得到顺利开展；另一方面，我国地方政府间合作组织不具有一定程度的权威性，当前跨行政区的环境治理主要还停留在以地方领导间的交流互访、区域联席会、合作论坛等形式，使得合作形式比较松散，缺乏区域层面的行政权威，导致跨区域间环境合作协议的执行落实难以保证，基于个人利益最大化的考虑，一些地方政府在执行过程中会呈现出“表面化、局部化、甚至停滞化”的现象；解决该问题的难点又在于如果通过设立区域一级环境合作执行机构的方式来提升行政权威进而确保协议的执行效果，那么又会面临着政府层级设置、各级政府间关系处理、行政成本大幅增加等困境，这也不利于合作协议的顺利执行。

（三）监督机制不合理

就监督主体而言，主要有上级政府监督与社会监督两大类。对地方政府的环境监督长期存在不到位情况，针对区域环境合作工作的监督评估机制和奖惩机制不健全，地方政府对生态环境保护任务常常因为与经济发展存在矛盾而进行选择性的消极执行，而中央往往无法全面掌握地方生态治理执行情况，其对地方政府的监督会由于信息不对称而失效，由于不是真正意义上的实体性机构，因此跨行政区环境机构不具有监督权，所以也就较难发挥其监督作用。为此，2019 年 6 月中央发布了《中央生态环境保护督察工作规定》，实行中央对地方政府生态环境保护督察制度，改变了长期存在的监督不力情况，但地方政府仍然存在弄虚作假、应付上级、环保主管动力不足问题。从社会公众层面的监督来看，一方面，由于监督渠道的堵塞使得公众的诉求无法向地方政府及时、顺畅地表达；而另一方面，即便是公众的诉求得到了表达和采纳，地方政府和相关部门也可能互相推卸责任。此外，在监督机制的执行过程中，监督者及监督机构对自身的约束也是一个难题，会发生监督者与被监督存在“合谋”的现象。

（四）法律保障机制不完善

党的十八大以来，党和政府构建和实施了针对长江经济带生态环境保护的系列政策文件，涉及宏观、微观政策。在微观上关于企业生态环境治理激励性政策文件涉及财政政策 12 项，价格政策 16 项，税费政策 13 项，绿色金融政策 15 项，生态补偿政策 8 项，绿色供应链政策 7 项，综合类政策 37 项，基础目录 14 项[①]。然而，在生态公共产品合作供给与治理方面，我国尚未明确出台形式正规、内容完备、具有可操作性的区域合作供给与治理的相关法律法规和条例，跨区域生态环境供给与治理事务由上级政府和国务院统一部署，虽然 2015 年《环境保护法》的颁布实施明确了生态环境治理主体的法律责任，加大了对政府、企业生态破坏的处罚力度，但还存在个别条款模糊不准确等缺陷，对于保障机制、检查追究等事项操作性也不足，造成一些法律的制度性功效很难落到实处，这给跨区域生态合作供给与多元治理带来了隐患。因此，解决跨区域生态合作供给与多元治理的问题便落足于如何制定公平合理、权责明确、易于操作的法律法规来提高生态多元治理的法治化水平。

---

① 生态环保部网站，网址：www. mee. gov. cn。

（五）生态补偿机制不健全

目前我国还未建立完备的生态补偿机制。首先，生态公共产品的性质决定了该产品价值评估及货币化存在技术上难度，在生态补偿的实践过程中，如何合理确定生态补偿标准和补偿数量还有待进一步研究，补偿对象、补偿主体、补偿方式等的确定也是一个极其复杂的过程。其次，目前我国关于生态补偿制度的法律法规过于原则与分散，并没有很强的操作性，一些区域（如长三角）还缺乏生态补偿的综合性立法和专项立法，这使行政区间污染负外部性现象严重，甚至在生态补偿资金使用过程中，由于生态补偿制度的法律法规约束力不强和监管的不到位，导致生态补偿金的很大比例被用作政府各部门的日常运行开支。最后，生态补偿不仅涉及中央与地方纵向补偿和地方政府间横向补偿，还涉及对企业、农户的生态补偿，宏观微观纵横交错，但目前的生态补偿制度设计中还未实现政府与市场并重的理念转变，如何充分发挥市场的资源配置作用，使政府有更多的精力提供生态补偿市场的规范、监督与绩效评估等服务，这也是一个值得研究的难题。

三、存在问题的成因分析

（一）追求短期经济利益

随着央地分权体制和分税制改革的推进，地方政府出现“财权”与“事权”不匹配的现象，一些地方政府陷入“钱少事多”的尴尬局面，地方政府的“理性经济人”角色决定了追求自身利益最大化的行为导向，为获得更多的财政收入，提高财政自主权，需要通过快速发展经济以开辟税源、扩大税基。一些地方政府对投入少见效快的污染严重企业采取“睁一只眼闭一只眼”的容忍态度，放松对其环境监测与监管。而不同于经济发展，环境治理则具有资金投入需求大、回报周期长、不确定风险较大等特点。因此，为追求短期经济利益，以浪费资源、污染环境为代价的“先发展后治理”观念已悄然成为处理经济发展与环境保护关系的某种共识。

（二）“GDP 至上”的政绩观

现阶段，中国的地方政府政绩评估仍主要基于 GDP 增长率，虽然近年来有学者提出把生态环境指标纳入政绩考核体系，但并未根本改变“GDP 至上”的发展理念。由于污染严重型企业投资少、见效快，部分信仰不坚定、缺乏责任感的地方官员为获得任期内的政治晋升，只追求短期 GDP 增长，至于后期出现的环境问题会由于官员的调度而推卸模糊责任。这种“唯 GDP”的政绩观存在着明显缺陷，如：盲目追求经济增长和扩大投资而造成重复性建设；以牺牲环境为代价、忽视环境治理而导致污染控制效率低下；此外，还有个别地方政府为追求更高的 GDP 增长而采取地方保护主义策略，纵容企业污染。究其原因，不合理的政绩考核体系使部分地方官员片面的追求所谓的政绩，而忽视了生态环境的治理工作（党秀云和郭钰，2020）[77]。

（三）合作共治理念的缺失

一方面，由于生态环境污染问题范围较广，污染发生的地理区位通常处于行政区域的边界地带，且涉及多个污染源，但污染治理的责任主体却包括企业和地方环保部门等，这些责任主体之间存在着较为模糊的权责关系；另一方面，环境治理始终受到成本约束，既包括治理过程中投入的人力、物力、财力、技术等经济成本，也包括转变经济发展方式、促进产业结构优化升级所要承受的机会成本。在跨界生态环境治理过程中，在逃避环保责任与减轻治理成本的利益驱动下，各地方政府基于“理性经济人”选择通常会倾向于“搭便车”以避免过多的成本损失并尽可能共享利益，而将环保责任和治理成本转嫁给其他政府。当这种“搭便车”行为出现，积极参与环境治理行为的政府发现自己“被搭便车”时，他们会由于不公平而放弃原来的主动治理环境行为，以避开对自身利益的损害，甚至逐渐转变为消极的搭便车行为主体，这种不劳而获的搭便车心理造成了生态环境合作共治理念的缺失，治理合作将不可避免地以“集体行动困境”结束（党秀云和郭钰，2020）[77]。

（四）区际利益的矛盾

区域生态环境治理合作的基础在于共同利益、共同目标，但是在中国“经济竞标赛”和“政治竞标赛”模式下，地方政府追求辖区利益最大化而形成政府间竞争，必将以经济利益作为首选目标，至于因牺牲环境带来对跨区域生态环境的负外部效应并不关心，这种追求自身利益最大化而牺牲社会公共利益的行为，是生态合作治理陷入困境的重要原因。虽然我国在部分重点地区积极探索了跨行政区域的流域污染和生态破坏联合防治协调机制，但遗憾的是绝大多数地区目前仍然处于生态环境的属地管理状态，未对区域生态环境治理做出明确法律规定。在闭合式行政模式下，当出现跨界污染问题时，地方政府缺乏有效沟通、信息不对称，或出于自利动机只对本地方环境负责，在缺乏有效沟通机制与合理生态补偿方案条件下，必然会使地方利益的理性策略选择与区域整体利益的理性策略选择产生矛盾冲突，形成非理性结果，即生态治理中的“囚徒困境”难题（张萍，2018）[78]。

（五）地方政府间的“零和博弈”

地方政府对于合作治理的收益和成本分担是“零和博弈”的环节，一方多获得权益则意味着另一方少获得，一方多承担成本则意味着另一方少承担，因此各地官员有着直接的竞争关系。由于生态公共产品是一种具有很强外部效应的特殊公共产品，生态治理过程具有滞后性、无边界性、不明显性等多元特征，加之地方政府存在着权利与责任不对等的情况，使得个别地方政府在获得经济利益的同时并未负担与之相对应的生态环境治理责任与成本，而有的地方政府要承担治理成本和生态恶化造成的后果但却并未享受到与之对应的发展红利。因此，地方政府积极寻求生态治理的正外部性，规避负外部性，他们互相推诿，谁都不愿意承担治理成本，即使某一地方政府坚持不计成本进行生态治理，在缺乏区域其他地方政府有力配合条件下，也必然无法取得生态治理实效，这更加剧了地方政府间利益矛盾与冲突（许珂和周伟，2020）[79]。

第五章

长江经济带生态治理满意度状况

坚持以人民为中心的发展思想，推动生态环境根本好转，持续改善环境质量，是美丽中国建设目标的重要内容。党的十九届五中全会提出推动绿色发展，促进人与自然和谐共生的发展目标，明确要求“加大污染防治力度，改善生态环境”，推动长江经济带生态环境治理是生态文明建设的内在要求。长江经济带生态治理效果一方面体现在随着生态投入的增长生态公共产品质量的持续改善，另一方面也体现在人民群众对生态环境满意度水平的不断提升。人民群众作为生态公共产品的最终使用者和直接消费者，其生态环境满意度水平是政府生态投入与治理效果评价的重要方面，也是坚持“以人民为中心”发展思路，把满足人民群众美好生活需要作为当前发展目标的重要现实体现。具体表现为：长江经济带人民群众对生态环境满意度越高，则表明政府生态治理效果越好；反之，则表明政府生态治理效果较差。基于此，本章从人民群众对生态环境满意度的主观视角设计长江经济带生态环境满意度调研问卷，在对长江经济带生态环境满意度水平评价的基础上运用结构方程模型分析生态环境满意度的影响因素。

生态环境满意度作为一种主观上的心理感受，是关于生态环境满意度的测量，主要基于问卷调研的方法，通过人民群众对生态环境打分直接体现生态环境治理成效的满意度水平，通常生态环境满意度涵盖水环境、空气环境、土地环境、森林绿化环境、生物多样性等方面（黄怡茵，2018；刘赛君，2020；刘建君等，2020）[80-82]，也有通过访谈、座谈的形式了解公众对生态环境的满意度情况（陈胜东和周丙娟，2020）[83]。

为了解长江经济带居民生态环境满意度，课题组于2020年7~9月对长江经济带11个省市进行了问卷调研，受新冠肺炎疫情影响，本次调研采取线上问卷发放的形式展开问卷调研。此次调研采用匿名评价方式，共收回有效问卷610份。问卷调研内容包括城乡居民基本生活状况、水环境、空气环境、土地环境、森林绿化环境、生物多样性等方面，下文分别具体阐述。被调查者对所在地生态环境满意度打分使用五级量表计（1代表“非常不满意”，5代表“非常满意”，分数越高越满意）。

一、长江经济带生态治理满意度评价

（一）基本情况

对调研对象个体特征基本情况的统计结果如表5-1所示。

从城乡分布来看，受访者城镇地区居民（92.95%）明显多于农村地区居民（7.05%），其中城镇地区居民567份，农村地区居民43份。究其原因在于此次是线上问卷调研，考虑到城镇居民手机上网普及率明显高于农村居民，故城镇地区样本数量多于农村地区，但并不影响问卷的信度和效度。

从性别分布来看，受访者女性（54.75%）略多于男性（45.25%），其中女性受访者334人，男性受访者276人。从年龄结构来看，受访者年龄主要集中在26~50岁，18岁以下和60岁以上年龄段占比相对较少，整体来看年龄结构相对合理。

从学历结构来看，受访者以大学及以上学历为主，其中研究生及其以上学历218人，占比35.74%，大学学历326人，占比53.44%；高中或中专学历48人，占比7.87%；初中学历14人，占比2.3%；小学学历4人，占比0.66%。整体来看，学历结构较为合理。

从收入水平来看，受访者月收入水平主要集中在1.7万元以内，其中月收入0~0.5万元187人，占比30.66%；月收入0.5万~0.8万元187人，占比30.66%；月收入0.8万~1.7万元164人，占比26.89%；月收入1.7万~3万元41人，占比6.72%；月收入3万元以上31人，占比5.08%。

表 5－1　　调研样本基本情况

问题	选项	频数	比例
居住地性质	城镇	567	92.95%
	农村	43	7.05%
性别	男	276	45.25%
	女	334	54.75%
年龄	18 岁以下	4	0.66%
	18～25	97	15.9%
	26～30	102	16.72%
	31～40	158	25.9%
	41～50	159	26.07%
	51～60	65	10.66%
	60 岁以上	25	4.1%
学历	小学	4	0.66%
	初中	14	2.3%
	高中或中专	48	7.87%
	大学	326	53.44%
	研究生及其以上	218	35.74%
月收入水平	0～0.5 万元	187	30.66%
	0.5 万～0.8 万元	187	30.66%
	0.8 万～1.7 万元	164	26.89%
	1.7 万～3 万元	41	6.72%
	3 万元以上	31	5.08%

从受访者从事的行业来看，除家电和电子技术/半导体/集成电路两个行业无受访对象外，其余行业均有涉及，整体分布结构较为合理。其中分布最多的为教育/培训/科研/院校行业 201 人，占比 32.95%，其次为银行/保险/证券/投资银行/风险基金行业 50 人，占比 8.2%，其余行业占比相对较少，如图 5－1 所示。

从职业分布来看，受访者职业分布较为合理，覆盖了绝大部分职业，问卷样本具有一定的可信度和合理性。总体来看，教师职业受访者最多 148 人，占比 24.26%；其次为管理人员 81 人，占比 13.28%；再次为学生 76 人，占比 12.46%；技术/研发人员、行政/后勤人员职业受访者均为 40 人，

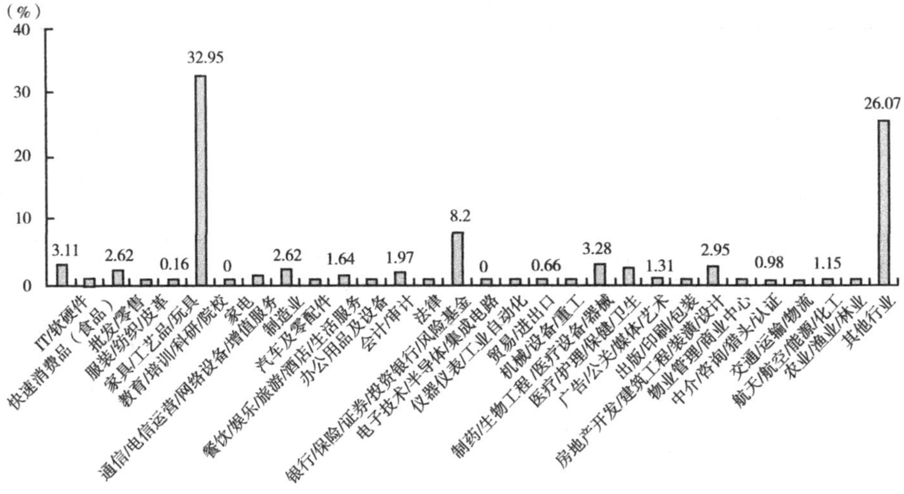

图 5-1　受访者行业分布

分布占比 6.56%；销售人员受访者 31 人，占比 5.08%；其余职业受访者分布相对较少，如图 5-2 所示。

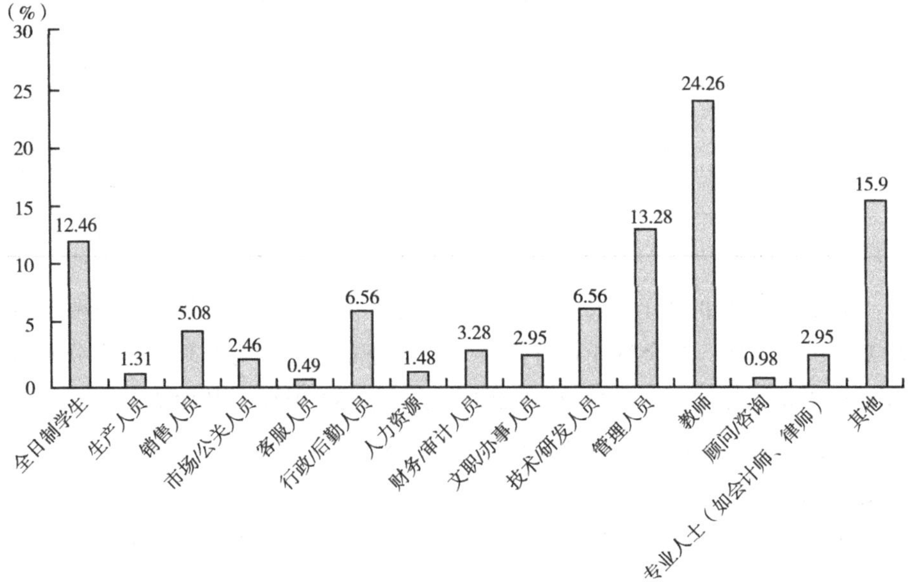

图 5-2　受访者职业分布

（二）生态环境满意度

关于长江经济带生态环境满意度的评价主要从饮用水水质、空气质量、土壤质量、固废垃圾处理、环境绿化、环境卫生、公共厕所卫生条件、生活垃圾集中处理和污水集中处理9大方面展开评价。评价结果如表5-2所示。

表5-2　　生态环境满意度情况

问题	选项	长江经济带		城镇		农村	
		频数	比例	频数	比例	频数	比例
整体生态环境的满意程度	很不满意	12	1.97%	9	1.59%	3	6.98%
	不满意	44	7.21%	41	7.23%	3	6.98%
	一般	232	38.03%	218	38.45%	14	32.56%
	满意	253	41.48%	237	41.8%	16	37.21%
	很满意	69	11.31%	62	10.93%	7	16.28%
饮用水水质的满意程度	很不满意	18	2.95%	15	2.65%	3	6.98%
	不满意	68	11.15%	61	10.76%	7	16.28%
	一般	262	42.95%	246	43.39%	16	37.21%
	满意	219	35.9%	206	36.33%	13	30.23%
	很满意	43	7.05%	39	6.88%	4	9.3%
空气质量的满意程度	很不满意	26	4.26%	24	4.23%	2	4.65%
	不满意	85	13.93%	79	13.93%	6	13.95%
	一般	237	38.85%	225	39.68%	12	27.91%
	满意	194	31.8%	180	31.75%	14	32.56%
	很满意	68	11.15%	59	10.41%	9	20.93%
土壤质量的满意程度	很不满意	9	1.48%	7	1.23%	2	4.65%
	不满意	45	7.38%	42	7.41%	3	6.98%
	一般	302	49.51%	286	50.44%	16	37.21%
	满意	203	33.28%	185	32.63%	18	41.86%
	很满意	51	8.36%	47	8.29%	4	9.3%

续表

问题	选项	长江经济带		城镇		农村	
		频数	比例	频数	比例	频数	比例
固废垃圾处理的满意程度	很不满意	29	4.75%	27	4.76%	2	4.65%
	不满意	105	17.21%	97	17.11%	8	18.6%
	一般	270	44.26%	251	44.27%	19	44.19%
	满意	171	28.03%	158	27.87%	13	30.23%
	很满意	35	5.74%	34	6%	1	2.33%
环境绿化的满意程度	很不满意	8	1.31%	5	0.88%	3	6.98%
	不满意	36	5.9%	33	5.82%	3	6.98%
	一般	202	33.11%	188	33.16%	14	32.56%
	满意	258	42.3%	240	42.33%	18	41.86%
	很满意	106	17.38%	101	17.81%	5	11.63%
环境卫生的满意程度	很不满意	10	1.64%	8	1.41%	2	4.65%
	不满意	45	7.38%	39	6.88%	6	13.95%
	一般	235	38.52%	214	37.74%	21	48.84%
	满意	255	41.8%	243	42.86%	12	27.91%
	很满意	65	10.66%	63	11.11%	2	4.65%
公共厕所卫生条件满意程度	很不满意	24	3.93%	22	3.88%	2	4.65%
	不满意	74	12.13%	67	11.82%	7	16.28%
	一般	237	38.85%	216	38.1%	21	48.84%
	满意	215	35.25%	203	35.8%	12	27.91%
	很满意	60	9.84%	59	10.41%	1	2.33%
生活垃圾集中处理情况满意程度	很不满意	19	3.11%	17	3%	2	4.65%
	不满意	70	11.48%	65	11.46%	5	11.63%
	一般	268	43.93%	248	43.74%	20	46.51%
	满意	210	34.43%	195	34.39%	15	34.88%
	很满意	43	7.05%	42	7.41%	1	2.33%
污水集中处理情况满意程度	很不满意	16	2.62%	13	2.29%	3	6.98%
	不满意	60	9.84%	55	9.7%	5	11.63%
	一般	280	45.9%	256	45.15%	24	55.81%
	满意	211	34.59%	202	35.63%	9	20.93%
	很满意	43	7.05%	41	7.23%	2	4.65%

关于满意度评价，将“满意”“很满意”两项视为满意（下同）。整体来看，受访对象对当地生态环境的满意水平为52.76%（包括“满意”“很满意”两项）；其中农村受访对象生态环境满意度（53.49%）高于城镇受访对象（52.73%）。

在饮用水水质方面，受访对象对当地饮用水水质的满意水平为42.95%，其中城镇受访对象对饮用水水质的满意度为43.21%，农村受访对象对饮用水水质的满意度为39.53%。究其原因在于农村地区自来水普及率相对低于城镇地区，部分农村还存在一定程度的饮水安全问题，因此党和政府一直将农村饮水安全作为聚焦民生关切的工作着力点，如“贵州省启动实施了全面解决农村饮水安全问题攻坚决战行动，截至2019年底，解决了288.24万人农村饮水安全问题，形成了较为完整的农村供水体系”。[①]

在空气质量方面，受访对象对当地空气质量的满意水平为42.95%，其中城镇受访对象对空气质量的满意度为42.16%，农村受访对象对空气质量的满意度为53.49%。从主观感受来看，受访对象普遍认同农村的空气质量要比城镇的空气质量要好，且认为汽车尾气是造成空气污染的主要原因；从理论研究来看，王钰达（2020）通过空气质量监测数据发现山区城市PM2.5和PM10浓度高于乡村，平原地区城市SO_2浓度是乡村的1.09倍，山区城市SO_2浓度是乡村的1.32倍。

在土壤质量方面，受访对象对当地土壤质量的满意水平为41.64%，其中城镇受访对象对土壤质量的满意度为40.92%，农村受访对象对土壤质量的满意度为51.16%。受城乡经济活动影响，对土壤资源的数量和质量产生深刻的影响（卓慕宁等，2008）。随着城镇化的快速发展，农业用地被用于工业开发或商业利用，不仅直接破坏土壤的生产功能，而且严重干扰相邻区域土壤的理化性质，进而影响到土壤的农业生产功能，土壤质量下降。

从固废垃圾处理来看，受访对象对当地固废垃圾处理的满意水平为33.77%，其中城镇受访对象对固废垃圾处理的满意度为33.87%，农村受访对象对固废垃圾处理的满意度为32.56%。从环境绿化来看，受访对象对当地环境绿化的满意水平为59.68%，其中城镇受访对象对环境绿化的满意度

① 贵州全力奋战确保农村饮水安全：http：//www.jzrb.com/。

为 60. 14%，农村受访对象对环境绿化的满意度为 53. 49%。究其原因在于，城镇环境绿化景观明显多于农村地区，所带来的获得感和幸福感也明显高于农村地区。

从环境卫生来看，受访对象对当地环境卫生的满意水平为 52. 46%，其中城镇受访对象对环境卫生的满意度为 53. 97%，农村受访对象对环境卫生的满意度为 32. 56%。究其原因在于，城镇环境卫生政府投入相对较多，环卫工人、环卫设施等方面主要投向城镇地区，而农村地区环境卫生主要靠农村居民自己投入，使得农村地区整体环境卫生的满意度水平相对较低，特别是农村厕所卫生条件相对较差。从公共厕所卫生条件来看，受访对象对当地公共厕所卫生条件的满意水平为 45. 09%，其中城镇受访对象对公共厕所卫生条件的满意度为 46. 21%，农村受访对象对公共厕所卫生条件的满意度为 30. 24%。针对农村厕所卫生条件，农村"厕所革命"快速推进，长江经济带各省份都制定了农村"厕所革命"的专项行动方案，推进农村人居环境整治。

从生活垃圾集中处理情况来看，受访对象对当地生活垃圾集中处理情况的满意水平为 41. 48%，其中城镇受访对象对生活垃圾集中处理情况的满意度为 41. 80%，农村受访对象对生活垃圾集中处理情况的满意度为 37. 21%。从污水集中处理情况来看，受访对象对当地污水集中处理情况的满意水平为 41. 64%，其中城镇受访对象对污水集中处理情况的满意度为 42. 86%，农村受访对象对污水集中处理情况的满意度为 25. 58%。

（三）政府生态投入满意度

政府生态投入是提升城乡居民生态环境满意度的重要途径，也是生态治理的重要内容，既包括对生态环境的资金投入，也包括相关环保政策的完善程度，还包括对环境政策的宣传力度和环保工作的重视程度等方面见表 5 - 3。

从政府环保投入情况来看，受访对象对当地政府环保投入情况的满意水平为 35. 57%（包括"满意""很满意"两项，下同），受访城乡居民对所在地政府环保投入满意度均不高，其中城镇受访对象对环保投入情况的满意度为 35. 98%，农村受访对象对政府环保投入情况的满意度为 30. 23%。

从政府环境信息公开情况来看，受访对象对当地政府环境信息公开情况的满意水平为34.10%，农村受访对象对政府环境信息公开情况的满意度低于城镇受访对象，其中城镇受访对象对政府环境信息公开情况的满意度为34.57%，农村受访对象对政府环境信息公开情况的满意度为27.91%。

从政府环保政策情况来看，仅28.69%的受访对象认为当地政府环保政策完善（包括“完善”“很完善”两项），其中29.10%的城镇受访对象认为当地政府环保政策完善，23.25%的农村受访对象认为当地政府环保政策完善。

从政府环保政策的宣传力度来看，32.30%的受访对象认为当地政府环保政策宣传到位（包括“到位”“很到位”两项），其中32.27%的城镇受访对象认为当地政府环保政策宣传到位，32.56%的农村受访对象认为当地政府环保政策宣传到位。

从政府对环保工作的重视程度来看，40.82%受访对象认为当地政府重视环保工作（包括“重视”“很重视”两项），其中40.92%的城镇受访对象认为当地政府重视环保工作，39.54%的农村受访对象认为当地政府重视环保工作。

表5－3　　政府生态投入满意度情况

问题	选项	长江经济带		城镇		农村	
		频数	比例	频数	比例	频数	比例
环境信息公开是否满意	很不满意	23	3.77%	18	3.17%	5	11.63%
	不满意	92	15.08%	89	15.7%	3	6.98%
	一般	287	47.05%	264	46.56%	23	53.49%
	满意	159	26.07%	149	26.28%	10	23.26%
	很满意	49	8.03%	47	8.29%	2	4.65%
环保投入的满意程度	很不满意	18	2.95%	15	2.65%	3	6.98%
	不满意	77	12.62%	72	12.7%	5	11.63%
	一般	298	48.85%	276	48.68%	22	51.16%
	满意	176	28.85%	165	29.1%	11	25.58%
	很满意	41	6.72%	39	6.88%	2	4.65%

续表

问题	选项	长江经济带		城镇		农村	
		频数	比例	频数	比例	频数	比例
环保政策是否完善	很不完善	10	1.64%	8	1.41%	2	4.65%
	不完善	102	16.72%	96	16.93%	6	13.95%
	一般	323	52.95%	298	52.56%	25	58.14%
	完善	144	23.61%	136	23.99%	8	18.6%
	很完善	31	5.08%	29	5.11%	2	4.65%
政府环保政策的宣传力度	很不到位	20	3.28%	20	3.53%	0	0
	不到位	101	16.56%	95	16.75%	6	13.95%
	一般	292	47.87%	269	47.44%	23	53.49%
	到位	154	25.25%	143	25.22%	11	25.58%
	很到位	43	7.05%	40	7.05%	3	6.98%
政府对环保工作的重视程度	很不重视	13	2.13%	12	2.12%	1	2.33%
	不重视	50	8.2%	46	8.11%	4	9.3%
	一般	298	48.85%	277	48.85%	21	48.84%
	重视	187	30.66%	173	30.51%	14	32.56%
	很重视	62	10.16%	59	10.41%	3	6.98%

（四）居民生态环境认知

生态环境满意度是一种主观上的心理感受，那么满意度评价主体（公众）的自身综合素质和资源禀赋对满意度水平具有直接且重要的影响。关于居民生态环境认知对生态环境满意度的影响机制，其作用路径在于居民生态环境认知通过影响居民生态环境偏好，进而影响生态环境满意度。居民生态环境认知是指个体对于生态环境重要程度的主观感知和认同，即生态环境为个体居民所带来的效用水平，通过居民生态环境认知的重要程度显示出居民生态环境偏好，居民对生态环境认知越好，则其带来的效应水平越高，故生态环境满意度越高（余兴厚和熊兴，2018）[84]见表5-4。

从对生态环境关注程度来看，51.15%的受访对象对生态环境较为关注（包括“关注”“很关注”两项），其中50.09%的城镇受访对象关注生态环境，65.11%的农村受访对象关注生态环境。

从对所在地区的环保政策的了解程度来看，受访对象对环保政策了解程度相对较低，仅24.75%的受访对象了解所在地区环保政策（包括“了解”“很了解”两项），其中24.69%的城镇受访对象了解所在地区环保政策，25.59%的农村受访对象了解所在地区环保政策。由上文分析可知，城乡居民对环保政策宣传力度不高在一定程度上影响了受访对象对环保政策的了解程度。

从是否认同生态环境改善能够提高家庭收入水平来看，59.50%的受访对象认同生态环境改善能够提高家庭收入水平，其中59.26%的城镇受访对象认同生态环境改善能够提高家庭收入水平，62.79%的农村受访对象认同生态环境改善能够提高家庭收入水平。

从是否认同生态环境保护与经济发展应以生态环境保护优先来看，78.36%的受访对象认同生态环境保护与经济发展应以生态环境保护优先，其中78.48%的城镇受访对象认同生态环境保护与经济发展应以生态环境保护优先，76.75%的农村受访对象认同生态环境保护与经济发展应以生态环境保护优先。

从对当地生态环境改善是否有信心来看，67.38%的受访对象对当地生态环境改善有信心，其中67.55%的城镇受访对象对当地生态环境改善有信心，65.11%的农村受访对象对当地生态环境改善有信心。

表5-4　　居民生态环境认知情况

问题	选项	长江经济带		城镇		农村	
		频数	比例	频数	比例	频数	比例
对生态环境关注程度	从不关注	3	0.49%	3	0.53%	0	0
	较低	35	5.74%	34	6%	1	2.33%
	一般	260	42.62%	246	43.39%	14	32.56%
	较高	215	35.25%	198	34.92%	17	39.53%
	非常关注	97	15.9%	86	15.17%	11	25.58%
对所在地区环保政策的了解程度	很不了解	33	5.41%	30	5.29%	3	6.98%
	不了解	144	23.61%	135	23.81%	9	20.93%
	一般	282	46.23%	262	46.21%	20	46.51%
	了解	127	20.82%	117	20.63%	10	23.26%
	很了解	24	3.93%	23	4.06%	1	2.33%

续表

问题	选项	长江经济带		城镇		农村	
		频数	比例	频数	比例	频数	比例
是否认同生态环境改善能够提高家庭收入水平	很不认同	2	0.33%	2	0.35%	0	0
	不认同	37	6.07%	34	6%	3	6.98%
	一般	208	34.1%	195	34.39%	13	30.23%
	认同	263	43.11%	245	43.21%	18	41.86%
	很认同	100	16.39%	91	16.05%	9	20.93%
是否认同生态环境保护与经济发展应以生态环境保护优先	很不认同	1	0.16%	1	0.18%	0	0
	不认同	17	2.79%	15	2.65%	2	4.65%
	一般	114	18.69%	106	18.69%	8	18.6%
	认同	271	44.43%	252	44.44%	19	44.19%
	很认同	207	33.93%	193	34.04%	14	32.56%
对当地生态环境改善是否有信心	很没有信心	6	0.98%	4	0.71%	2	4.65%
	没有信心	21	3.44%	20	3.53%	1	2.33%
	一般	172	28.2%	160	28.22%	12	27.91%
	有信心	290	47.54%	270	47.62%	20	46.51%
	很有信心	121	19.84%	113	19.93%	8	18.6%

（五）环境问题

由上文分析可知，受访对象对长江经济带生态环境的满意水平仅为52.76%，那么哪些方面的环境问题影响了其环境满意度水平呢？从调研问卷发现，整体来看受访对象认为当前所在地区最大环境问题为空气污染（64.43%），特别是近年来雾霾污染频发，《2017年中国气候公报》显示，2017年我国共出现5次大范围、持续性雾霾天气，其中以长江经济带沿岸的长三角、中三角和成渝三大城市群最为严峻（邓世成和郭凌寒，2019）。其次为噪音污染（59.51%）、固体废弃物污染（50.66%）和水污染（41.64%），光污染和酸雨等环境问题相对有所缓解，据《2019年中国气候公报》数据，2019年成为自1992年有观测记录以来酸雨污染状况最轻的一年，如图5－3所示。

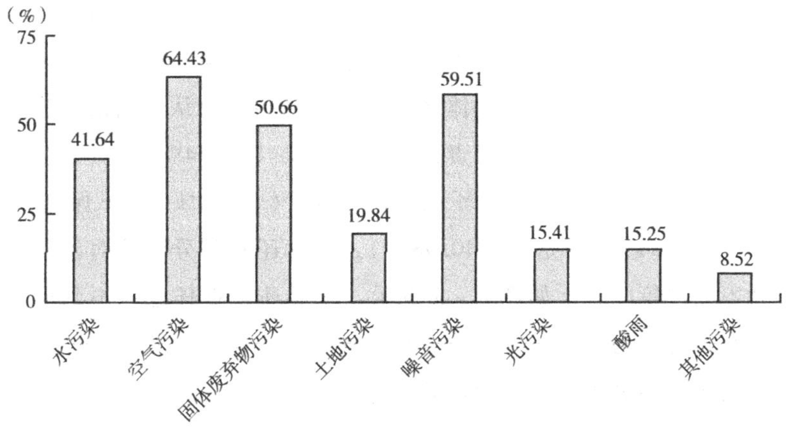

图 5－3　我国的主要环境问题

分城乡来看，受城乡居住环境的差异影响城乡居民所面对的环境问题有所区别。城镇受访对象认为最大的环境问题是空气污染（65.43%）和噪音污染（60.67%），农村受访对象认为最大的环境问题为水污染（60.47%）和固体废弃物污染（60.47%），如图 5－4 所示。究其原因在于城镇地区人口、工业、商业与住宅等要素不断集聚，其空气污染和噪音污染必然高于农

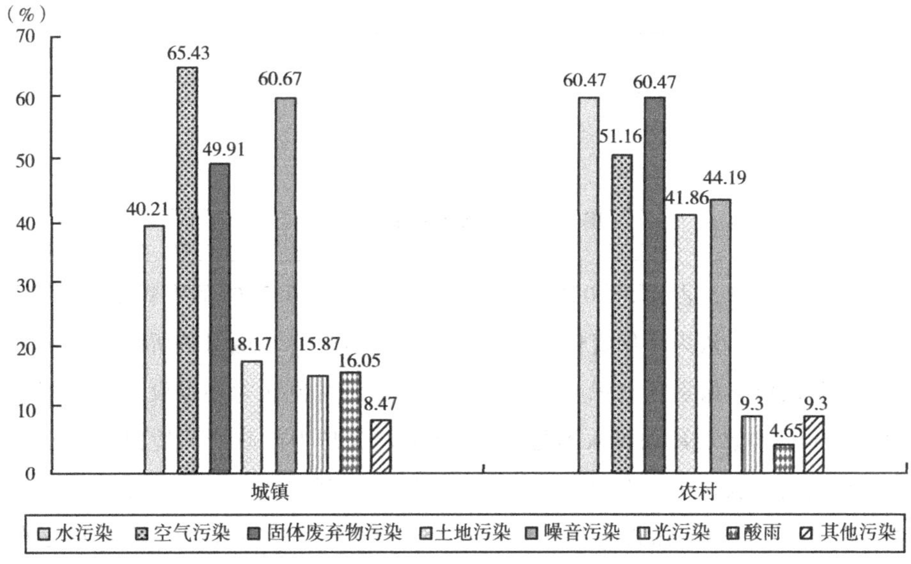

图 5－4　我国城乡主要环境问题

村地区；而农村居民居住地较为分散，其环保投入使用效率相对较低，特别是在水环境和固体废弃物的处理等方面需进一步加大投入。

政府作为环境保护的重要主体之一，城乡受访对象认为当前政府在环境保护方面存在的最大问题是环保责任意识不到位（59.34%），其次为环保设施技术落后（44.26%）、政府环保投入不足（42.62%）、环保人才缺乏（42.3%）和环保政策不完善（40.98%），同时还有部分受访对象认为环保宣传力度不到位等问题，如图 5－5 所示。政府环保责任意识不到位主要表现在缺乏有力的行为引导，宣传环保意识的力度不够，对相关主体监管不到位，执法的效率不高等方面（莫小娇，2020）[85]。

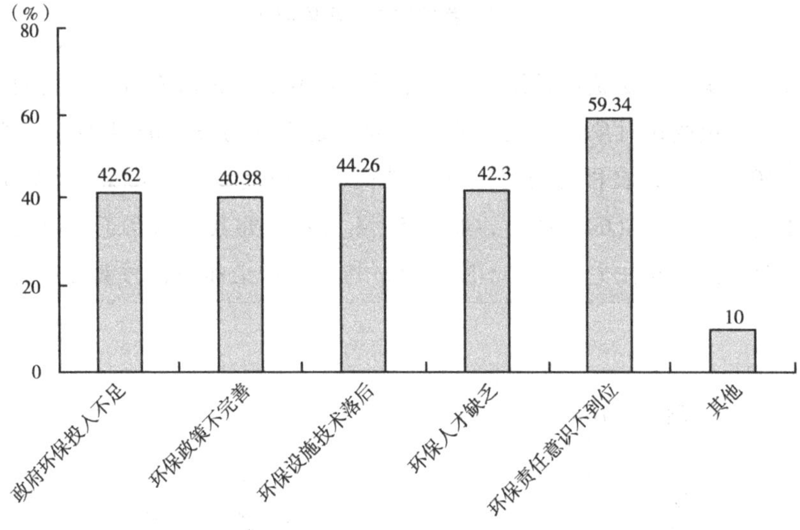

图 5－5　生态环境保护问题

分城乡来看，占比 58.02% 的城镇受访对象和 76.74% 的农村受访对象，城乡受访对象均认为环保责任意识不到位是当前政府环境保护所面临的最大问题。除政府环保责任意识不到位外，城镇受访对象认为环保设施技术落后（43.56%）和政府环保投入不足（41.98%）也是当前政府环境保护过程中的突出问题，农村受访对象认为环保人才缺乏（55.81%%）、环保政策不完善（53.49%）和环保设施技术落后（53.49%）是当前政府环境保护存在的突出问题，如图 5－6 所示。

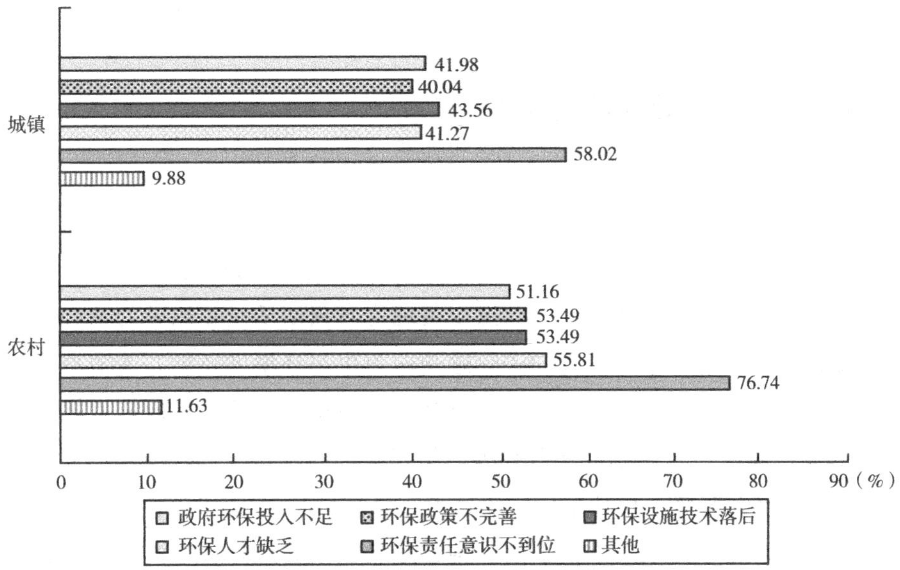

图 5-6 城乡生态环境保护问题

二、长江经济带生态环境满意度影响因素分析

满足人民群众对生态环境的需求是党和政府责无旁贷的责任，提升人民群众生态环境满意度是长江经济带生态治理的出发点和落脚点。那么梳理分析生态环境满意度影响因素，是提升生态环境治理水平的重要突破口。基于此，在通过调研问卷客观评价生态环境满意度水平的基础上，进一步剖析生态环境满意度的影响因素及提升路径。在影响因素分析的方法选择上，由于结构方程模型能够实现对原始数据的充分利用，特别是相比较于 logistic 模型、probit 模型等方法能有效解决原始数据失真问题，因此本章选用结构模型进行生态环境满意度的影响因素分析。

生态环境满意度作为一种人民群众对于生态环境的主观心理感受，那么评价主体（公众）自身的生态环境需求认知和对政府生态治理投入感知对生态环境满意度水平具有直接且重要的影响。因此本小节基于微观样本数据，从生态环境需求认知和政府生态治理投入感知两方面实证剖析生态环境满意度的需求影响机制，以求寻找到提升生态环境质量的有效路径。

（一）模型构建与数据说明

1. 模型构建

生态环境满意度是指居民在消费生态环境过程中对服务绩效的一种感知，基于顾客满意度指数模型，满意度表现为与预期质量相比较的消费者实际感受，人民群众对生态环境的实际感受即为生态环境满意度，受消费者预期影响的感知质量和感知价值为人民群众生态环境需求认知和政府生态治理投入感知。基于顾客满意度指数模型，构建长江经济带生态环境满意度的理论模型，并在此基础上设计结构方程模型，其结构方程模型的路径如图 5 -7 所示。生态环境满意度影响因素的结构方程模型主要包括 3 个潜在变量：一是生态环境满意度（sati）；二是生态环境需求认知（cog）；三是政府生态治理投入感知（per）。

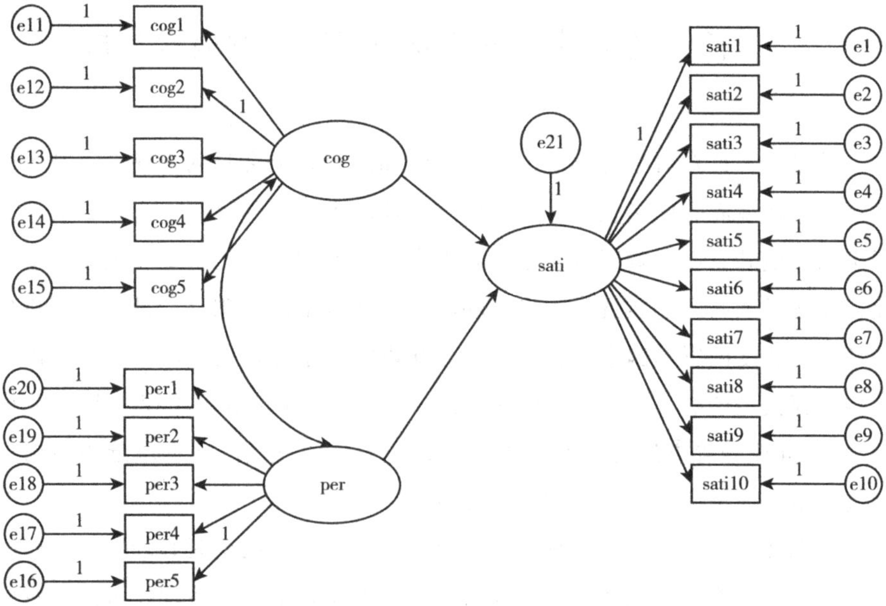

图 5 -7　生态环境满意度结构方程路径

其中生态环境满意度（sati）主要包括 10 个观测变量：整体生态环境（sati1）、饮用水水质（sati2）、空气质量（sati3）、土壤质量（sati4）、固废垃圾处理（sati5）、环境绿化（sati6）、环境卫生（sati7）、公共厕所卫生条件（sati8）、生活垃圾集中处理（sati9）和污水集中处理（sati10）等 10 个方面的满意度水平。

生态环境需求认知（cog）主要包含 5 个观测变量：生态环境关注程度（cog1）、收入认知（cog2）、经济发展认知（cog3）、环境改善信心（cog4）和政策了解程度（cog5）等 5 个方面。

政府生态治理投入感知（per）包括主要 5 个观测变量：环境信息公开（per1）、环保投入（per2）、环保政策（per3）、政策宣传力度（per4）、工作重视程度（per5）等 5 个方面。

结构方程模型主要包括测量模型和结构模型两个方面，是一种验证性而非探索性的统计方法。其中测量模型主要是基于观测变量对潜变量进行定义和阐释，结构模型主要是分析潜变量之间的内在关系。基于前面的分析，分为生态环境需求认知（cog）、政府生态治理投入感知（per）与生态环境满意度（sati）三个方面，构建长江经济带生态公共产品满意度影响因素的测量模型和结构模型如下：

其中，测量模型的回归方程为：

$$X = \Lambda_X sati + \varepsilon_1$$

$$Y = \Lambda_Y cog + \varepsilon_2$$

$$Z = \Lambda_Z per + \varepsilon_3$$

其中，结构模型的回归方程为：

$$sati = \lambda_1 cog + \zeta_1$$

$$sati = \lambda_2 per + \zeta_2$$

$$cog = \lambda_3 per + \zeta_3$$

$$\mathrm{per} = \lambda_4 cog + \zeta_4$$

在测量模型中，X、Y、Z 分别代表潜变量与生态环境满意度（sati）、生态环境需求认知（cog）和政府生态治理投入感知（per）的观察变量，其中 Λ_X、Λ_Y、Λ_Z 为其估计参数，ε_1、ε_2、ε_3 为测量误差。在结构模型中，λ_1、

λ_2、λ_3、λ_4 分别表示生态环境需求认知（cog）对生态环境满意度（sati）、政府生态治理投入感知（per）对生态环境满意度（sati）、政府生态治理投入感知（per）对生态环境需求认知（cog）、生态环境需求认知（cog）对政府生态治理投入感知（per）的回归系数，ζ_1、ζ_2、ζ_3、ζ_4 为误差。本章主要探讨生态环境需求认知（cog）、政府生态治理投入感知（per）对生态环境满意度（sati）的影响。

2. 观测变量设计

具体来看，观测变量是潜变量的具体问题描述，观测变量设计是结构方程模型的前提和基础。生态环境的主体认知（cog）和满意度（sati）是居民对生态环境的主观感知（per）和评价，其测量方法采用五级分量法评价居民对每一问题的认知程度和满意程度。具体量表如表 5－5 所示。

表 5－5　　生态环境满意度测评量表

潜变量	观测变量	变量取值
满意度（sati）	您对所在地区的整体生态环境的满意程度？（sati1）	很不满意＝1；不太满意＝2；一般＝3；满意＝4；很满意＝5
	您对所在地区的饮用水水质的满意程度？（sati2）	
	您对所在地区的空气质量的满意程度？（sati3）	
	您对所在地区的土壤质量的满意程度？（sati4）	
	您对所在地区的固废垃圾处理的满意程度？（sati5）	
	您对所在地区的环境绿化的满意程度？（sati6）	
	您对所在地区环境卫生满意程度？（sati7）	
	您对所在地区公共厕所卫生条件满意程度？（sati8）	
	您对所在地区生活垃圾集中处理情况满意程度？（sati9）	
	您对所在地区污水集中处理情况满意程度？（sati10）	
生态环境需求认知（cog）	您平时对生态环境关注程度如何？（cog1）	很不关注＝1；不太关注＝2；一般＝3；关注＝4；很关注＝5
	您是否认同生态环境改善能够提高家庭收入水平？（cog2）	很不认同＝1；不太认同＝2；一般＝3；认同＝4；很认同＝5

续表

潜变量	观测变量	变量取值
生态环境需求认知（cog）	您是否认同生态环境保护与经济发展应以生态环境保护优先？（cog3）	很不认同 =1；不太认同 =2；一般 =3；认同 =4；很认同 =5
	您对当地生态环境改善是否有信心？（cog4）	很没有信心 =1；不太有信心 =2；一般 =3；有信心 =4；很有信心 =5
	您对所在地区的环保政策的了解程度？（cog5）	很不了解 =1；不太了解 =2；一般 =3；了解 =4；很了解 =5
政府生态治理投入感知（per）	您对所在地区环境信息公开情况是否满意？（per1）	很不满意 =1；不太满意 =2；一般 =3；满意 =4；很满意 =5
	您对所在地区的环保投入的满意程度？（per2）	
	您认为所在地区的环保政策是否完善？（per3）	很不完善 =1；不太完善 =2；一般 =3；完善 =4；很完善 =5
	您认为所在地区政府环保政策的宣传力度如何？（per4）	很不到位 =1；不太到位 =2；一般 =3；到位 =4；很到位 =5
	您认为所在地区政府对环保工作的重视程度如何？（per5）	很不重视 =1；不太重视 =2；一般 =3；重视 =4；很重视 =5

3. 数据描述

关于与生态环境需求认知（cog）、政府生态治理投入感知（per）与生态环境满意度（sati）三个潜变量相对应的观测变量，通过五级分量法表明，调研对象对环境绿化满意最高（3.69），其次是环境卫生（3.52），固废垃圾处理满意度最低（3.13）；关于生态环境需求认知，城乡居民对经济发展的认知度最高（4.09），绝大部分认同生态环境保护与经济发展应以生态环境保护优先，对于环境改善信心的主体认知度最低（2.94）；关于政府生态治理投入感知，政府对环保工作的重视程度感知最高（3.39），环保政策的完善程度感知最低（3.14）。变量统计描述见表5－6。

表5－6　变量统计描述

潜变量	观测变量	N	极小值	极大值	均值	标准差
满意度（sati）	Sati1	610	1	5	3.53	0.860
	Sati2	610	1	5	3.33	0.874
	Sati3	610	1	5	3.32	0.988
	Sati4	610	1	5	3.40	0.802
	Sati5	610	1	5	3.13	0.926
	Sati6	610	1	5	3.69	0.872
	Sati7	610	1	5	3.52	0.842
	Sati8	610	1	5	3.35	0.951
	Sati9	610	1	5	3.31	0.879
	Sati10	610	1	5	3.34	0.848
生态环境需求认知（cog）	Cog1	610	1	5	3.60	0.838
	Cog2	610	1	5	3.69	0.827
	Cog3	610	1	5	4.09	0.803
	Cog4	610	1	5	3.82	0.821
	Cog5	610	1	5	2.94	0.903
政府生态治理投入感知（per）	Per1	610	1	5	3.20	0.920
	Per2	610	1	5	3.24	0.864
	Per3	610	1	5	3.14	0.809
	Per4	610	1	5	3.16	0.898
	Per5	610	1	5	3.39	0.856

（二）实证分析

1. 数据质量分析

在进行数据结构方程模型估算之前，为保证模型构建和问卷数据的可靠性和有效性，对问卷数据进行检信度和效度检验。

（1）信度分析。

信度检验主要是针对问卷调研数据的可靠性进行检验，以保证后续分析的可靠性。通常情况下采用 Cronbach's α 系数对问卷量表进行信度检验，Cronbach's α 系数主要是通过评价问卷量表的内部一致性对问卷进行可靠性检验。Cronbach's α 系数取值区间介于 0 ~ 1，Cronbach's α 系数越大信度越高，通常情况下 Cronbach's α≥0.7 表示问卷量表信度较高，0.6≤Cronbach's α≤0.7 表示问卷量表信度可以接受建议。本章使用 SPSS 软件对问卷量表进行 Cronbach's α 系数信度检验，总体来看，问卷量表 Cronbach's α 系数为 0.941，表明问卷数据具有较高的可信度。从潜变量信度检验来看，生态环境满意度和生态环境需求认知的 Cronbach's α 系数均在 0.9 以上，具有较高的信度，政府生态治理投入感知的 Cronbach's α 系数也在 0.6 以上，属于可接受范围。基于此可得问卷数据和潜变量设计可靠、可信，如表 5 – 7 所示，可以进行结构方程模型分析。

表 5 – 7　　问卷数据信度检验结果

项目	Cronbach's α 系数	项数
生态环境满意度（sati）	0.926	10
生态环境需求认知（cog）	0.651	5
政府生态治理投入感知（per）	0.928	5
总体	0.941	20

（2）效度分析。

效度检验主要是针对问卷调研数据的有效性进行检验，以保证后续结构方程模型分析结果的有效性，即问卷选题对变量设计的解释程度，效度越高表明解释能力越强，反之亦然。通常情况下效度检验有内容逻辑效度检验、准则效度检验和建构效度检验三种效度检验方法。其中，内容逻辑效度检验主要是基于理论模型构建和主观判断对问卷设计的合理性进行分析；准则效度检验主要是基于专家的定性分析将问卷数据与其他准则变量的值相比来进行效度判断；建构效度检验主要是采用因子分析对问卷数据所呈现出的某种结构与观测变量间的对应关系进行分析。本研究采用建构效度对生态环境满意度问卷量表进行效度检验，结果表明 KMO 值为 0.858，Bartlett 的球形度检验近似卡方值为 3 938.502（df = 78，Sig. = 0.000），表明问卷数据可以做因子分析，如表 5 – 8 所示。

表 5-8　　　　KMO 值与 Bartlett 的球形度检验

项目	KMO 值	Bartlett 的球形度检验 近似卡方值
生态环境满意度（sati）	0.919	4 035.344
生态环境需求认知（cog）	0.676	463.824
政府生态治理投入感知（per）	0.881	2 394.914
总体	0.951	8 329.629

通过因子分析发现问卷量表特征值大于 1 的主成分有 3 个，总方差累计解释度大于 60%，表明理论模型所设定的 3 个潜变量较为合理。在此基础上，运用因子负荷值对问卷数据的效度进行检验，从主成分旋转矩阵来看，3 个主成分所对应的观测变量与前文的理论模型假定完全一致，如表 5-9 所示，表明观测变量对潜变量具有较好的解释，故本研究的问卷调研数据具有较高的效度。

表 5-9　　　　主成分旋转矩阵

变量	成分		
	1	2	3
per1	0.701	0.404	0.135
per2	0.759	0.425	0.117
per3	0.799	0.334	0.094
Per4	0.808	0.262	0.135
Per5	0.754	0.322	0.173
Sati1	0.334	0.773	0.098
Sati2	0.327	0.735	0.000
Sati3	0.257	0.792	0.041
Sati4	0.332	0.770	0.003
Sati5	0.527	0.561	-0.006
Sati6	0.439	0.566	0.161
Sati7	0.509	0.560	0.183
Sati8	0.390	0.594	0.153
Sati9	0.406	0.669	0.115
Sati10	0.445	0.672	0.171

续表

变量	成分		
	1	2	3
Cog1	0.104	-0.113	0.462
Cog2	0.134	0.095	0.742
Cog3	0.176	0.108	0.764
Cog4	0.002	0.146	0.835
Cog5	0.421	0.416	0.497

2. 模型评价与估计

（1）模型评价。

本节运用 AMOS 24.0 软件对上文所构建的理论模型和理论假定进行结构方程模型拟合与检验。在对模型整体适配度估计检验的基础上，通过客观评价方法来判断结构模型的优劣程度。模型整体适配度主要包括绝对适配度和简约适配度两个方面，模型各适配度拟合指数与理想标准如表 5-10 所示。从表 5-10 可以看出模型各类适配度拟合指数均在理想标准范围内，表明本研究所提出的理论假设模型与问卷调查数据较为契合，模型设计合理可用，问卷数据能够对模型作出较好的解释。

表 5-10　　模型整体适配度

类别	统计检验	指标值	理想标准	结果
绝对适配度	GFI	0.937	>0.90	理想
	AGFI	0.912	>0.90	理想
	RMSEA	0.051	<0.06	理想
	RMR	0.043	<0.08	理想
简约适配度	PNFI	0.519	>0.50	理想
	PGFI	0.591	>0.50	理想
	X^2/df	2.559	<3	理想

（2）模型估计。

在模型整体拟合适配度通过检验后，运用 Amos 软件对生态环境需求认知（cog）、政府生态治理投入感知（per）与生态环境满意度（sati）等潜变量的路径系数进行估计，结果如图 5－8 所示。结果表明：在 1% 的显著性水平下，除生态环境关注程度、经济发展认知、环境改善信心对生态环境需求认知的解释外，其余潜变量的载荷因子均在 0.5～0.9，且无负的误差项，表明本研究理论模型假定符合适配度要求。

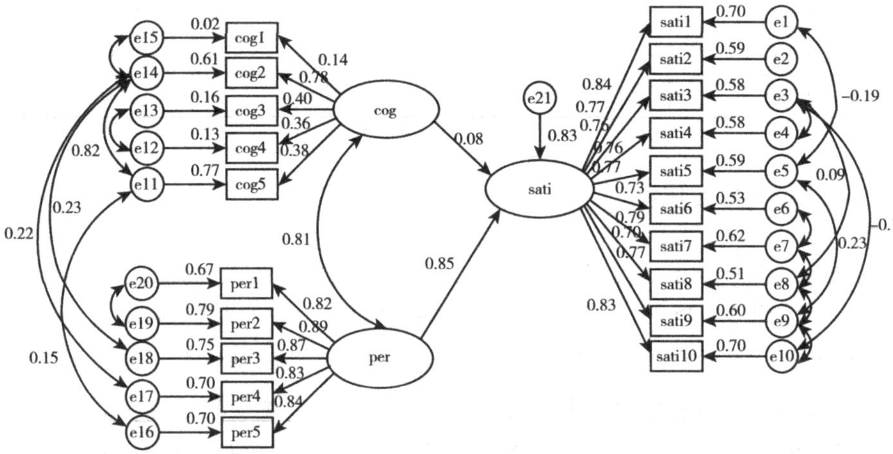

图 5－8　生态环境满意度结构方程的标准化解

针对上文所构建的结构模型和测量模型进行模型估计，结果如表 5－11 所示。从结构模型来看，路径系数均支持了理论模型假定，生态环境需求认知（cog）、政府生态治理投入感知（per）与生态环境满意度（sati）三个潜变量间的影响路径系数均满足 1% 的显著性水平。其中生态环境需求认知（cog）对生态环境满意度（sati）具有显著正向影响，但影响效果相对较小，标准化影响路径系数为 0.080，表明居民对生态环境的需求认知（cog）越高在一定程度上越能够提升生态环境的满意度（sati），究其原因在于人民群众对生态环境的认知水平的提高特别是环保素养的提升在一定程度上能够营造生态文明的社会氛围，一方面有利于相关环保政策的落地落实，另一方面有助于提高人民群众的环保行为，提高生态环境水平和质量，最终提升人民群众生态环境满意度。政府生态治理投入感知（per）对生态环境满意度（sati）具有显著正向影响，且具有较大的影响效果，标准化影响路径系数为 0.845，表明居民对政府生态治理投入感知程度越高，其对生态环境的满意度越高，究其原因在于如政府环境信息公开程度、环保投入程度、环保政策完善和宣传力度以及对环保工作的重视程度提高，必然会带来生态环境的改善，生态环境的供给水平和质量也会逐步提升，最终人民群众生态环境满意度会随着政府生态治理投入感知度的提高而提高。生态环境需求认知（cog）与政府生态治理投入感知（per）之间存在正向相关关系，相关系数为0.807，表明人民群众对生态环境的认知水平越高对政府生态治理投入的感知程度越高，究其原因在于一方面公众自身环保素质的提升，有助于理解和实施相应的环保政策；另一方面政府生态治理投入的提高也在一定程度上有助于生态环境的认知水平的提高，特别是加大环境信息公开程度、环保政策宣传力度必然会提高居民生态环境的认知水平。

表 5－11　　结构方程模型变量回归结果

	非标准化路径系数	标准误差	标准化路径系数	是否显著
sati←cog	0.080 ***	0.048	0.080	显著
sati←per	0.833 ***	0.067	0.845	显著
sati1←sati	1.000	–	0.836	–
sati2←sati	0.930 ***	0.044	0.770	显著
sati3←sati	1.021 ***	0.049	0.760	显著
sati4←sati	0.855 ***	0.045	0.760	显著
sati5←sati	0.995 ***	0.067	0.768	显著
sati6←sati	0.897 ***	0.057	0.729	显著
sati7←sati	0.923 ***	0.063	0.788	显著
sati8←sati	0.935 ***	0.078	0.713	显著
sati9←sati	0.931 ***	0.076	0.773	显著
sati10←sati	0.969 ***	0.073	0.834	显著
cog1←cog	1.000	–	0.876	–
cog2←cog	0.379 ***	0.055	0.363	显著
cog3←cog	0.456 ***	0.061	0.399	显著
cog4←cog	0.967 ***	0.085	0.781	显著
cog5←cog	0.159 ***	0.061	0.140	显著

续表

	非标准化路径系数	标准误差	标准化路径系数	是否显著
per1←per	1.000	-	0.835	-
per2←per	1.032 ***	0.037	0.834	显著
per3←per	0.973 ***	0.037	0.866	显著
per4←per	1.068 ***	0.044	0.886	显著
per5←per	1.041 ***	0.054	0.819	显著

从测量模型来看，生态环境需求认知（cog）、政府生态治理投入感知（per）与生态环境满意度（sati）三个潜变量所对应的观测变量估计值在1%的显著性水平下均显著，其个体观察变量信度值（Squared Multiple Correlations）为0.140～0.886，总体看测量模型较为理想。分潜变量来看，政府生态治理投入感知（per）的观测变量对其解释性最强，其观测变量标准化估计值均在0.8以上，平均估计值为0.848；其次为生态环境满意度（sati），其观测变量标准化估计值集中在0.67～0.8，平均估计值为0.773；生态环境需求认知（cog）观测变量评价标准化估计值相对较低为0.512。

提升生态环境满意度，是满足人民群众生态公共产品需求的本质要求，是生态文明建设的重要体现。本章基于需求视角从理论上构建了生态环境需求认知（cog）、政府生态治理投入感知（per）对生态环境满意度（sati）的影响机制，并通过微观调研数据对影响路径进行了验证。从生态环境满意度水平（sati）来看，调研对象对环境绿化满意度最高（3.69），其次是环境卫生满意度（3.52），固废垃圾处理满意度最低（3.13）；从生态环境需求认知（cog）来看，绝大部分认同生态环境保护与经济发展应以生态环境保护优先，但对于未来生态环境改善信心仍然不足；从政府生态治理投入感知（per）来看，人民群众对政府环保工作的重视程度感知程度最高，但相关环保政策的完善程度还有待提高。从结构方程模型分析来看，人民群众政府生态治理投入感知（per）对生态环境满意度（sati）具有显著直接正向影响，且具有较大的影响效果；生态环境需求认知（cog）对生态环境满意度（sati）具有显著正向影响，但影响效果相对较小。

（三）调研结论

本章基于调研问卷数据，对长江经济带生态环境满意度进行分析，并运用结构方程模型分析其满意度影响因素。主要研究内容和结论如下：

总体来看，长江经济带生态环境的满意度整体偏低，平均为52.76%（包括“满意”“很满意”两项）；其中农村受访对象生态环境满意度（53.49%）高于城镇受访对象（52.73%）。

分类别来看，环境绿化（59.68%）、环境卫生（52.46%）满意度最高，其次为公共厕所卫生条件（45.09%）、饮用水水质（42.95%）、空气质量（42.95%），而土壤质量（41.64%）、污水集中处理（41.64%）、生活垃圾集中处理（41.48%）、固废垃圾处理（33.77%）满意度最低。

长江经济带最大环境问题为空气污染（64.43%），其次为噪音污染（59.51%）、固体废弃物污染（50.66%）和水污染（41.64%）。政府在环境保护方面存在的最大问题是环保责任意识不到位（59.34%），其次为环保设施技术落后（44.26%）、政府环保投入不足（42.62%）、环保人才缺乏（42.3%）和环保政策不完善（40.98%）。

关于长江经济带生态环境满意度的影响因素，人民群众对政府生态治理投入感知对生态环境满意度具有显著直接正向影响，且具有较大的影响效果；生态环境需求认知对生态环境满意度具有显著正向影响，但影响效果相对较小。

| 第六章 |

国外流域和国内区域生态环境合作治理案例及启示

实证研究显示，长江经济带区域生态环境承载力的整体水平呈现持续向好变化态势，但是长期存在的治理碎片化、无序化、效能低下等问题短期难以根本解决，梳理和总结国外生态环境治理体系与政策举措，了解和观察国内其他地区生态治理的成功做法与经验，对长江经济带生态环境合作共治具有启示与借鉴价值。

一、国外生态环境多元合作治理典型案例

由于跨域生态环境治理有着复杂性、系统性强的特点，需要政府、企业和社会之间协作推进整体性治理，生态公共产品合作治理是环境经济学和区域经济学的研究重点，本章在广泛研读生态环境合作治理文献的基础上，对相关研究成果进行总结提炼，并结合国内外跨域生态公共产品合作治理的案例进行分析。

（一）国外典型案例

1. 英国泰晤士河生态共治

泰晤士河位于英国南部，其流域面积为13 000平方公里，被誉为英国的“母亲”河。英国工业革命后，机器生产代替手工劳动，大量工厂固体废弃

物、工业废水和生活污水排入泰晤士河，河水水质遭到持续性污染，1858 年夏季泰晤士河“恶臭”大爆发，河流环境的恶化不仅对正常的生产生活产生消极影响，还对当地居民的健康和生命造成了严重威胁。此后，英国政府逐渐意识到河流污染问题的严重性，并开始对泰晤士河进行持续性治理。

泰晤士河共进行了两次河道治理：一是 1852 ~ 1891 年，治理的主要工作是建设河坝筑堤、在河流两岸修建城市地下污水排放系统；二是 1955 ~ 1975 年，英国政府对泰晤士河污染治理由地方部门分散管理转变为全流域综合管理。在全流域管理过程中，首先，当地政府颁布了涉及水资源保护和污染控制方面的相关法律法规，用以严格规范截污排污、废水处理、污染控制、水源水质保护的操作流程，保障水资源的优质供应和河道的有效治理；其次，通过污水处理厂向市民积极宣传污水处理系统方面的投资，并进行污水处理厂合并和现代化升级改造；最后，为了对全流域进行统一规划和管理，英国政府在 20 世纪 60 年代成立泰晤士河水务管理局，主要负责协调各部门与公众的关系，对工业污染排放进行有效控制和监督，并提出相关法规和准则，设立专门的研究部门对污水处理和河道治理等问题进行科学研究，形成研究成果对河流整治的专业化操作流程进行技术指导。① 从英国泰晤士河生态共治模式中，可得出三点经验和启示。第一，从部门分散管理转变为综合管理。最重大的一项制度创新在于成立泰晤士河水务局，在整合分散的行政管理职能、提高行政效率方面发挥了极大作用。第二，适度引入市场机制。实施排污收费制度，以控制和减少公众排污意愿和行为，通过建立水务公司发展旅游业，使社会公共事业民营化，并建立专业化的监管体系对水务公司实施水质监督管理，政府由经营者转变为监督者。第三，政府颁布了非常严格的法律法规，并对违规行为进行严格处罚，这是实现流域有效治理的根本保障（底志欣，2017）[86]。

2. 莱茵河流域生态共治

莱茵河是欧洲的一条国际河流，也是世界内河航运最繁忙、最发达的航

① 中国经济新闻网：《伦敦：全流域治理泰晤士河污染》，http：//www. cet. com. cn/ycpd/sdyd/1713760. shtml。

道之一，流域共涉及9个国家，莱茵河流经地区工业密集，著名的鲁尔工业区即分布在莱茵河流域。第二次世界大战后，伴随着工业发展、城镇化进程加快和人口急剧增长，沿线国家单纯追求经济增长而忽视环境保护的重要性，对流域的环境保护力度远低于经济发展速度，导致莱茵河逐渐出现洪水侵扰、水体污染、生态退化等问题，严重影响了经济可持续增长和居民生活质量。因此，莱茵河流域国家也经历了典型的“先污染，后治理”的过程，对流域生态进行了长达几十年的协同治理。

莱茵河的治理措施主要体现在5个方面。(1) 成立“莱茵河保护国际委员会”(简称ICPR)，对流域的环境状况进行评价，制定协调管理方案，并向公众通报治理成果。(2) 制定流域治理规划、行动协议和相关法规，如1987年制订“莱茵河行动计划”，之后又完善了针对各个时间节点的水污染控制行动计划，规定了更严格的排放标准，以及制定了对于保护各类水生物(如洄游鱼类) 的生态修复计划，这些行动有利于水质改善和流域生态环境的保护。(3) 为解决跨界环境问题，莱茵河流域各国加强合作并签订相关行动协议，如通过制定欧盟水框架指令 (简称WFD)，对水体的监测的流程和标准要求作出了详细规定，对水体质量进行客观评价，使得多瑙河、莱茵河等跨界水体实现了有效的管理。(4) 河流治理的经费筹措方式多样化，各种非政府组织也参与到决策的讨论制定和具体实施中，使决策具有可操作性和公众认可性。(5) 协调经济建设与生态整治，一方面，莱茵河发达的航运体系促进了流域绿色生产要素的自由流动；另一方面，流域各国因地制宜，依据自身的主体功能特色形成科学的产业布局，在上游地区利用地势大力开发水能资源，中游地区布局了环保技术、生物技术和自动化技术等新型先进无污染产业，在下游地区发展绿色航运贸易，加大环境保护 (李海生等，2019；黄燕芬等，2020)[87-88]。

总体来看，从莱茵河流域生态治理中可得出以下经验：成立流域协同治理组织机构，开创国际联合治理河流污染的新模式；制定和完善流域治理规划和行动协议，提供行为约束和行动指南；实施严格健全的污染源排放管控制度；公众、企业、社会组织积极参与流域治理，构建多元治理格局；优化绿色生产要素流动和产业布局，促进开发与保护协同 (底志欣，2017)[86]。

3. 密西西比河流域治理

作为北美洲流程最长、流域面积最广的密西西比河，同世界许多其他河流一样，由于未处理好发展与环境保护的关系，曾因过度开发而引起水质恶化，因保护预警工作不力而导致洪水灾害频发，因工程建设不合理而导致湿地迅速消失、生物物种减少。在此背景下，美国联邦和流域各州不得不采取一系列治理措施，以协同保护流域生态环境（李瑞娟和徐欣，2016）[89]。

密西西比河的治理经验主要包括 6 个方面：（1）实施排污许可制制度。美国在 1972 年颁布了《清洁水法》，各州、属地和部落在联邦水质基准的基础上，再根据水资源的特定用途和反退化原则制定水质标准，沿岸各州排污许可和水质项目由各州环保部门负责，并通过建设污水处理厂，有效降低了废水的 BOD 浓度。（2）制定联邦流域管理政策。1996 年出台《流域保护方法框架》，通过跨部门、跨地区合作，建立流域水环境管理的协调机制。（3）建立跨州协调机构。美国环保局牵头成立了密西西比河—墨西哥湾流域营养物质工作组，并设立一系列机构负责流域治理的协调、评估、管理工作，以加强联邦部门和流域各州的协调合作。（4）制订专项国家行动计划。进入 21 世纪，按照时间节点制定了分阶段性的减排目标（主要包括降低氮排放和总磷排放）和行动计划，并实施有效管理。（5）加强联邦部门合作和资金投入。美国加大了对流域污染控制和水生态监测的资金投入力度，据统计数据显示，从 2009 ~ 2013 年，对该流域各州的污染治理和河流营养物质监测的财力投入达 70 多亿美元。（6）完善流域监测和评价体系。通过建立水质门户网站，为流域监测提供了公开数据，并设立流域监测协作项目，利用长期监测数据评估氮磷减排情况（李瑞娟和徐欣，2016；张万益等，2018）[89-90]。总之，密西西比河的治理既离不开政府的主导引领作用，也离不开公众、社会和资本市场等市场手段的参与。

4. 田纳西河流域治理

田纳西河位于美国的东南部，20 世纪 30 年代，这里曾经是美国最贫穷的地区，水患横行，灾害频繁。1933 年，美国国会通过了《田纳西流域管理法》，成立田纳西河流域管理局（The Tennessee valley authority，TVA），

TVA 拥有高度统一责权利，且具有行使水资源的开发权、所有权及管理权和独立的人事权，以及流域内河流的开发、治理权，土地征用和购买转让出租、电力生产和销售权。经过 90 年的开发建设，TVA 在流域航运、防洪、发电、水质保护和土地利用等方面取得了显著成效，成为跨州流域水资源综合管理的一种成功模式。

田纳西流域的开发成功，具有以下特点：一是具有完善《田纳西流域管理法》，确保了田纳西流域开发与保护依法依规实施。二是多元的决策机制与 TVA 的多重目标相吻合。在决策机构中由总统任命主席、总经理和总顾问组成 3 人理事会，在专家意见的基础之上进行决策。三是明晰的财产权利与责任义务关系，确保政府与市场作用有机结合。四是在流域资源开发中将生态环境保护放在首位，将水资源开发利用与流域内生态建设、水资源保护、工业布局、休闲旅游等紧密结合，带动地方经济和社会持续发展。五是注重高科技在流域管理运用。广泛采用遥测遥感技术、通信技术、计算机技术运用于天气、水文、水质、水资源调度的数据采集、预报预警等领域，提高了整个水资源系统的综合利用水平。六是强调公众参与以协调各方利益，确保开发计划能够最大限度地满足所有相关方的利益诉求，实现多方共赢(谢世清，2013)[91]。

（二）国外流域治理的经验启示

纵观国外流域治理之所以取得成功，离不开顶层制度设计及可行的运行模式，总结起来，有如下启示。

1. 加强法制建设，为流域管理提供强有力的保障

发达国家流域管理首先非常注重流域立法以规范流域管理主体的行为，立法范围既包括各种水法规中有关流域管理的条款，也包括流域管理的专门法规，规定了流域机构的职责、地位、权利和义务（肖文燕，2010）[92]。在遇到流域的生态环境治理整体利益与地区局部利益相冲突的时候，通过流域立法，使流域机构拥有合理的行政执行权和经营管理权很有必要。比如《田纳西河流域管理法》赋予 TVA 拥有行使水资源的开发权、所有权及管理权

以及独立的人事权，流域内河流的开发、治理权等。从欧美国家的经验来看，只有加强法制建设，做到有法可依，才能使流域管理有序进行。

2. 建立高度自治的流域管理机构，确保流域管理有效性

发达国家一般都建立高度自治的流域管理机构，内设的流域管理董事会拥有广泛的决策权，并且国家赋予流域机构必要的行政执行权和经营管理权，以对整个流域事务进行全面规划管理。如美国的田纳西河流域管理机构TVA；涉及国际流域管理，如"莱茵河保护国际委员会"这样的跨国管理和协调组织，实施了多项莱茵河环境保护计划，成为国际联合治理河流污染的新模式。

3. 建立社会公众参与制度，保障流域管理的监督

发达国家流域管理非常重视社会公众的参与，通过环境保护科普教育活动、志愿者组织活动、环境保护意见征求活动，建立社会公众参与渠道，使社会公众能及时有效表达环保意见和诉求，并把公众建议转化为政府决策和政策措施。积极鼓励与支持企业、非政府组织和社会公众自觉和主动地参与生态环境保护工作，形成政府、企业、非政府组织和个人多元治理的格局。同时为了监督流域管理机构职责履行，通常在政府内部设置监督协调机构，规定监督职责，明确监督任务，为确保监督事务的全面有效性，还通过非政府组织对一些特殊工作进行监督（杨朝晖等，2016）[93]。

二、国内生态治理典型案例及效果

（一）国内生态典型案例

1. 京津冀大气污染合作治理

近年来，京津冀区域是我国大气污染连片排放与跨行政区叠加传输最严重的地区，该地区很多城市的空气质量优良天数比例不足50%，大气污染状况具有程度深、影响范围广、持续时间长的典型特征。因此，对京津冀区域的大气污染合作治理很有挑战也很有必要，目前已形成“七省区、九部委”在内的京津冀及周边地区大气污染防治协作机制，从政策文本来看，可以2013年为分界点，把京津冀地方政府对于大气污染治理的过程划分为两个阶段。

第一个阶段是2008年奥运会前到2013年，中央政府及其职能部门以自上而下的政治动员式对京津冀的大气污染治理采取行动，治理手段以总量控制为主。以2008年奥运会为例，我国首次打破行政界限而建立京津冀及周边大气污染的联防联控机制，在当时极大地推动了大气污染的治理进度，但这种为特殊项目服务的“任务驱动型”联合治理机制无法持久，奥运会后又出现了反弹。此后，国家陆续颁布了大气污染治理政策，但较为零星与分散，例如，2010年5月11日，中央层面出台了首个有关大气污染联防联控的政策文本《关于推进大气污染联防联控工作改善区域空气质量的指导意见》；2012年12月，进一步明确提出建立“联席会议制度”“信息共享机制”“预警应急机制”等，为推进大气污染联防联控提供了方向。

第二个阶段是2013年之后。从国家层面的政策来看，中央政府出台了大气污染联防联控方面的政策举措，京津冀大气污染联防联控机制最早是由中央主导成立的，工作内容是对大气污染防治工作进行统一规划、监测与防治。2013年9月，国务院出台“大气十条”，对大气污染治理的具体工作内容进行了统筹协调；同年，相关部门进一步出台了《京津冀及周边地区落实大气污染防治行动计划实施细则》；2014年4月，区域联防联控首次纳入新修订的《环境保护法》，随后中央政府正式将空气质量改善目标完成情况纳入考核标准。从地方层面的政策来看，由于2013年以来京津冀地区出现的持续重度雾霾天气震惊全国，给当地及周边民众的正常生产生活和生命健康带来严重威胁，因此，三地政府出台的大气污染联防联治政策大幅增加。北京自2013年9月起，相继出台“清洁空气行动计划”“大气污染防治条例”，积极推进与周边地区大气污染的信息共建共享。同时，提出在机动车排放标准及用油标准方面实现区域统一，并通过环境信息共享平台，搭建区域机动车污染排放的防治监管系统，建立区域法规执行标准，开展联合执法。天津市也提高了对生态环境的重视，于2013年发布了相关“行动方案”和“应急预案”，到2015年，制定了关于机动车排放、总挥发性有机物、锅炉大气污染物等相关排放控制标准。河北省也于2013年提出了空气质量改善目标及保障目标实现的“八大任务”；此后，明确提出要大力推进“重点区域联合防治”，并规定了与周边地区联防联控的具体内容和方向（刘娟，2019）[94]。

2. 珠三角跨界水污染合作治理

珠三角地区具有地势低平，河涌密集，水网纵横交错的自然地理条件，自然特性决定了区域内人口稠密、交通网密集、城镇化水平高、工业发达的经济社会特性，由于工农业生产和居民生活用水排放量大、废水污水处理不及时等原因，在珠三角特定的流域整体性条件下，该区域内跨界水污染问题严重。要解决珠三角跨界水污染问题，不能只依靠某一特定行政区，城市间的跨界合作必不可少（石佑启和黄喆，2013）[95]。

近年来，为解决珠三角跨界水污染问题，珠三角城市群积极开展合作，主要以政策、协议的方式推进水污染协作治理。2010年广东省政府印发《珠江三角洲环境保护一体化规划》（2009～2020年），《规划》强调建立新跨界水污染综合防治体系的重要性。2009年，深圳、东莞、惠州三地签署《深圳市、东莞市、惠州市界河及跨界河综合治理计划协议》（2009），珠海、中山、江门三市签署《珠中江环境保护区域合作协议》（2009），广州、佛山、肇庆签署了《广佛肇经济圈建设环境保护合作协议》（2009），这些协议都围绕水污染治理、饮用水资源保护、环境监测、环境事故协调机制等内容，以推进珠江流域综合治理。广佛同城化的快速发展对两市的跨界水污染治理具有积极推动作用，2009年，两市协商制订工作计划，同年5月，广佛同城化环保专责小组进一步商定整治广州西部水源，实现河流水质监测结果信息共享（石佑启和黄喆，2013）[95]。2010年6月，广东省环保厅首次提出尝试建立跨流域的生态补偿机制，并于2012年要求广佛肇三市尝试启动实施生态补偿机制，以协调好上下游地区、受益地区和受损地区的利益分配关系。2013年3月，在广州、佛山两市开始实施挂牌督办、区域限批以及“河长”责任制等措施（杨朝晖等，2016）[93]。此后，2015年广东省提出建立珠江三角洲区域水污染防治联席会议制度，2016年环保部与广东省政府签署协议，共建珠江三角洲国家绿色发展示范区，2017年广东省出台《广东省全面推行河长制方案》，提出在珠三角推进“构建绿色生态水网”河长制模式（李静，2017）[96]。

回顾珠三角的水污染合作治理的发展历程，可发现珠三角跨界水污染合作治理也存在一些问题。一是体制障碍。流域管理与行政区域管理脱节，这成了制约区域内跨界水污染治理效果的关键因素；行政部门权力分割与职能交叉，降低了治理效率；地方政府单边控制与单方决策，缺乏公众参与。二是机制障碍。未针对广佛跨界水污染问题建立起相应的排污权交易机制；生态补偿机制虽在文件中提及，但未能在实践中落实；纠纷解决机制尚不完善（石佑启和黄喆，2013）[95]。三是法制障碍。合作治理缺乏有效的法制保障、缺少稳定的政策支持。

3. 粤港澳大湾区环境合作治理

粤港澳大湾区是指由香港、澳门、深圳、珠海、中山、江门、广州、佛山、东莞、惠州、肇庆等 11 个城市构成的城市群区域，区域内河网密布、河海交汇、陆海相连，拥有不可分割的自然生态体系（王玉明，2018a；2018b）[97-98]。近年来，粤港澳大湾区政府间在环境合作治理上初步构建了环境合作框架，环保合作不断拓展和深化，粤港澳三地采取行之有效的政策措施，不断加强在大湾区空气质量、河流治理、水质保护等方面的跨界协作治理。

粤港澳大湾区环境合作治理的主要探索和经验在于 4 个方面：（1）制定区域规划引领大湾区环境合作。2005 年广东省环保局牵头编制《珠江三角洲环境保护规划纲要》，2009 年粤港澳合作完成的《大珠江三角洲城镇群协调发展规划》，2010 年水利部组织编制《珠江河口综合治理规划》，2012 年粤港澳共同编制完成的《共建优质生活圈专项规划》，2016 年广东省政府颁布的《珠三角国家森林城市群建设规划》（王玉明，2018b）[98]。这些规划主要提出共建绿色优质生活圈、建设森林城市群、优化区域生态安全格局、建立区域环境合作的体制机制等环境治理目标和治理策略。（2）签署行政协议推动环境合作。粤港、珠澳分别于 2009 年和 2013 年签订环保合作协议；2014 年 9 月，粤港澳签署《区域大气污染联防联治合作协议书》；2017 年 3 月，广东与澳门签署《2017～2020 年粤澳环保合作协议》。协议中主要强调了共建空气质量监测平台、环境监测信息共享、开展环保科研合作与交流、支持环保产业等方面的合作，共同推进区域大气污染联防联治（王玉明，2018b）[98]。(3) 构建组织机制保障环境合作。主要通过建立联席会议制度和环境合作小组两种形式来推动环境合作，2003 年建立了粤港、粤澳联席会议制度和环保合作小组，负责相关环保合作规划、协议的制定和方案的规范执行（王玉明，2018b）[98]。(4) 实施环保工程推动环境合作。合作项目主要包括水环境治理合作和空气质量合作。在水环境治理方面，实施了具体的五个治理工程，涉及跨界河流、珠江口近岸海域治理工程上的研究和治理合作；在空气质量合作方面，涉及区域空气监测网络和清洁生产伙伴计划项目。此外，在废旧汽车拆解、回收加工再利用和气象探测领域也建立了合作项目（王玉明，2018b）[98]。

（二）合作治理的效果

近年来，我国跨区域生态合作治理已发展成为一种常态，地区间合作思路不断深化，合作方式逐渐多样化，合作内容也越来越切合实际，从合作治理的范围来看，主要在区域大气污染治理和流域水污染治理方面取得显著成效，在地区实践中取得了良好的治理成效。

从跨区域污染合作治理来看，近年来我国大气污染和水污染治理效果显著。在区域性大气污染治理方面，2013 年，我国发布实施了“大气十条”，从中央到地方层面都采取了一系列强有力措施（刘娟，2019）[94]。自 2015 年到 2017 年，山东省的济南市、淄博市、泰安市、莱芜市、济宁市和菏泽市等城市陆续加入了省会城市群的大气污染联防联控工作。2016 年，宁夏先后和陕西、甘肃、内蒙古建立了跨区域的联防联控，新疆启动了乌鲁木齐市与周边城市的联防联控工作，建立了区域合作保护机制。2017 年，京津冀与周边地区开展大气污染防治合作，其中确定了京津冀地区的“2 + 26”个城市交通通道，并建立横跨四省两市的雾霾污染联防联控区域。2017 ~ 2018 年，山西省实施了太原和周边各城市的联防联控试点，黑龙江省哈尔滨市、大庆市和绥化市三个城市也签署了大气污染联防联控协议（张巍馨，2020）[99]。2017 年，京津冀、长三角、珠三角这 3 个重点区域的 PM2.5 浓度相较于 2013 年分别下降了 39.6%、34.3%、27.7%，空气优良天数持续增加，空气质量得到明显改善（刘娟，2019）[93]。在水污染治理方面，从前的中央统一管理和地方分级管理相结合方式不利于协调中央与地方、地方政府与地方政府间的利益冲突和矛盾，地方政府间存在的“理性经济人”角色决定了追求自身利益最大化的博弈行为，导致流域合作治理陷入困境，因此，我国逐渐转变了流域水污染治理管理方式，形成以流域为单位，通过以党政领导负责的河长制逐步完善水污染防治体制，这在某种程度上有利于合理协调流域地方政府间的地方利益冲突和消解流域治理的集体行动困境（刘娟，2019）[94]。

从地区实践来看，环渤海地区、长三角、珠三角地区作为全国重点区域，在生态协作治理方面取得显著成效。2009 年渤海环境保护省部际第一次联席会议召开，环渤海四省市以重点推进渤海沿海区域湿地保护、退耕还林和自然保护区建设三方面工作，加快沿海区域生态修复，2009～2010 年四省（市）累计完成人工造林 1404 万亩，新建湿地自然保护区 7 个，累计恢复湿地面积约 2.62 万公顷，逐步建立起了渤海湾区域生态保护体系（李庆林，2015）[100]。近年来，长三角地区政府高度重视生态环境治理，并达成合作共识，从理念的形成，到协议签订和行动落实，都离不开区域政府间的相互信任和深度合作。2002 年 4 月提出打造“绿色长三角”理念，2003 年签订《经济合作和发展协议》《经济技术交流与合作协议》，以及成立“长江三角洲地区环境安全与生态修复研究中心”，长三角区域生态治理政府合作由此拉开帷幕；2004 年 11 月签订《沪苏浙“长三角”海洋生态环境保护与建设合作协议》，首次明确把保护和治理海洋生态纳入合作协议；2008 年 12 月，苏浙沪三地共同协商建立了环境保护联席会议制度，并于 2009 年 4 月第一次召开长三角地区环境保护合作联席会议，此后，江浙沪三地在建立区域空气污染联防联控机制、健全区域环境监管联动机制和完善区域“绿色信贷”政策三方面也展开了深度的合作（党秀云和郭钰，2020）[77]。在珠三角地区，泛珠三角环保合作联席会议第一次会议审议通过了泛珠三角区域环保合作协议，建立了泛珠三角区域环保合作机制，并把区域环保合作联席会议制度以文件的形式确定下来，广东制定了清洁空气行动计划和行动方案，泛珠三角各方还在区域突发环境应急、环境执法联动等方面不断深化合作（李庆林，2015）[100]。

| 第七章 |

长江经济带生态公共产品合作供给机制构建研究

促进多元主体跨域合作供给，推动跨域生态环境合作治理，需要构建起利益和命运共同体。在中国科层制体制下地方政府在中央政策引导下虽然存在着维护区域生态环境利益的共同需求和改善区域生态环境质量的共同愿望，但追求自身利益最大化的政治与经济动机，会引发区际间利益冲突，加上市场、第三部门及居民的参与，多重利益目标必然引发多重利益冲突。因此，建立合理的激励与约束机制并选择合适的政策工具协调区际利益关系，有利于激发相关方合作动力，以较高的效率为区域供给合意数量与质量的生态公共产品。

一、政策协同机制构建

生态公共产品区域合作供给中的政策引领，是明确政府、市场与生态公共产品供给单位的责权利关系，推动形成产品供给有效、价值流转有序、配置公平高效、权益保障有力的生态公共产品区域合作供给机制重要环节（陈军等，2020）[101]，但是由于行政体制的阻隔，地方政府间政策差异性较大，政策协同度不高，不利于合作供给机制的构建。

（一）环境政策协同的含义

政策协同是指上级政府为推动跨地区、跨部门环境政策目标的实现而超越现有政策领域的边界，超越单个行政区划、单个职能部门的职责范围，进而整合不同区域、不同部门政策内容、政策实施及政策完善中的协作关系（肖芬蓉和王维平，2020）[102]。

环境政策是针对环境保护与治理而制定和实施的各种法律、法规与政策规制的总称。因此，环境政策由政策主体、政策对象、政策目标和政策工具等构成要件组成。由于环境政策主体多元、政策对象纷繁复杂，政策工具繁多，外部环境复杂多变，政策运行效果难以达成目标要求，因此，需要对中央与地方间、地方与地方间的环境治理政策的差异进行分析，了解政策运行状况及效果，提出针对政策差异的化解策略，构建生态环境治理的政策协同机制。

我国环境政策协同包括纵向协同与横向协同。纵向协同就是上级政府作为政策主体通过自上而下的方式将政策意图传递给下一级政府，下一级政府以此为依据结合本地实际制定的政策并实施，再将实施结果及问题以自下而上的方式向上级政策主体反馈，通过纵向政策主体间的沟通与协商，实现政策协同的目标。横向协同是同级政府环境政策主体对不同政策工具带来的政策目标、成本分担与利益分配差异进行沟通协调，从而实现政策目标的合作互补、利益合作共赢。

（二）环境政策协同机制内容

环境政策协同，就是指环境政策间相互支持、相互配合、相互补充，尽量避免政策目标冲突或内容不一致。环境政策协同机制就是政策主体通过互动与协调，为实现既定目标相互支持、相互配合及互补的过程、方式和程序。政策协同机制的内容：一是环境政策制定主体之间协商沟通合作关系，表现在上下级政策主体之间以及同级政策主体之间颁布、执行、实施与反馈以及修正与完善，更好实现政策目标。二是环境政策对象响应政策工具作用，接受相关环境政策工具的引导与调控，最大化实现环境政策目标要求。三是环境政策目标一致。由于宏观政策目标与微观政策目标存在差异性，同级政策目标具有相对独立性甚至是矛盾性，因此也需要政策目标的相互协调、相互补充和相互支持。四是环境政策工具分类上涉及经济性、社会性、法律性政策，方式上具有强制性、指导性，政策工具相互配合、相互补充，形成有机整体。

鉴于区域协同要求和政策差异的客观性，需要从政策生成、政策沟通、政策调整三个方面形成协同机制，从而打破行政体制的分割，促进区域生态环境的协同共治（肖芬蓉和王维平，2020）[102]。

（三）长江经济带环境政策协同机制的问题

2014 年国务院《关于依托黄金水道推动长江经济带发展的指导意见》提出以来，中央政府颁布了一系列针对长江经济带产业发展、水环境的污染治理、江河湖泊的治理、流域环境的综合治理等相关政策。各地方政府纷纷发布配套政策和具体实施方案，推动长江经济带生态环境合作共治。为此国内学者对长江经济带生态供给政策进行了研究，发现在政策主体、政策工具上存在差异。表现在从政策发文主体看，国务院、农业农村部、生态环境部都有发文，其他部委也有文件发布，从地方政府看长江经济带下游地区联合发文部门较多，中游和上游联合发文则较少（肖芬蓉和王维平，2020）[102]，区域联合发文则没有。在政策工具选择上，长江经济带各地方政府基于中央政策指导，结合所辖区域生态现状与问题，在政策工具的选择和组合上存在较大差异性（肖芬蓉和王维平，2020）[102]。主要问题表现在：

1. 政策制定主体多，政策协调不足

生态环境问题是一个涉及“山水林田湖草”生命共同体问题，需要统筹性、整体性、系统性治理，因此，需要在政策上统筹协调，改变各自为政，“九龙治水”状况。但现实是，从政策制定主体看仅就中央一级就有 30 多个部门颁布过环境政策，政策主体多，各自为政严重，政策内容存在偏差甚至冲突的情况。据统计分析，我国环境保护与治理政策以生态环境部制定颁布较多，其他部门联合颁布偏少（刘征等，2018）[103]。从一个侧面反映出协调沟通机制尚未建立起来。

2. 环境政策承接性较差

我国环境政策多以中央强制性政策为主，地方政府依照中央政策制定地

方环境政策，但由于各地生态环境特殊性以及治理能力的差异性，一些地方政府对中央政策的理解和贯彻程度存在误差，影响了中央政策的实施效果。因此，如何根据区域环境状况改变进行动态调整，改善环境监管成效低下等问题，构建与中央政策一致的区域环保政策十分重要。

3. 环境政策协同评估机制不健全

涉及长江经济带中央与地方的环境政策种类繁多，政出多门，政策间互补、交叉、承接多，难免存在政策冲突，因此，加强环境政策的协同性，通过评估政策实施效果，完善政策制定机制十分重要，但目前还缺乏对政策目标、政策效果、政策协同度的评估，特别是运用第三方机构加强对政策效果的评估还存在不足。

4. 环境政策工具协同效应不突出

环境政策工具一般包括命令控制型、市场激励型、公众参与型。命令控制型政策工具包括法规管制、环境目标责任与考核、环保巡视与督查、违规惩处、行政问责、污染物排放总量控制等。市场激励型政策工具包括绿色财政、绿色金融、税收优惠、排污权交易、水权交易等。公众参与型政策工具包括政府鼓励与支持社会公益组织和个人参与环境保护宣传教育、协助政府监管企业排污以及参与重要的生态环境公益活动。尽管长江经济带环境政策工具众多，但工具之间协同作用发挥不好，工具间的关联性、协同性较差，协同效应不显著。

（四）长江经济带环境政策协同机制构建

1. 政策协同生成机制构建

地方政府政策制定者应充分认识到生态环境问题是涉及区域乃至国家的生态公共安全问题，关系到全社会的生态惠益与生态福祉。因此，政策制定应有多元主体参与，在科学化、民主化前提下，精准把握国家宏观政策，紧密联系本地生态环境状况、经济发展状况、政府职能状况，确立合理政策目标，选择有效的政策工具，确保政策的精准性、有效性。

（1）在政策目标上推动全流域合作，提供高质量生态公共产品。从国家层面制定合作供给的相关文件，规范合作供给主体行为，根据长江经济带全流域生态状况，合作供给的政策侧重点应有所不同。重庆、贵州、四川、云南等上游地区应加强重要生态屏障建设，国家在绿色发展基金上应予以支持，实施岷江、沱江、嘉陵江、乌江、清水江等流域水环境综合治理工程。湖南、湖北和江西等中游地区以保护与修复长江中游湖泊生态为主，制定总体规划、建立政策体系、推动实施湖泊保护与生态修复，呵护湖泊湿地，国家也应予以政策资金支持；上海、江苏、浙江、安徽等下游地区以治理修复为主，构建一体化机制保护生态环境，引导高污染产业有规律地转移和集聚，实现绿色转型发展。

（2）在政策工具上相互配合、相互补充，发挥协同效应。自 2016 年国务院印发了《长江经济带发展规划纲要》到 2020 年 4 月国务院各部委印发的关于长江经济带生态保护文件，据不完全统计达到 16 项之多，根据中央文件精神各地方政府又制定了自己的政策措施。长江经济带生态环境保护政策的有效实施，需要一整套完善的政策工具为保障，但由于各种政策工具作用对象、范围、条件有所不同，应根据对象所处客观条件变化，选择不同的政策工具并进行有效组合实现政策工具的精细化，才能达到合作供给的目标。

2. 政策协同沟通机制构建

政策协同沟通是指各政策主体政策信息的互相传递和借鉴关系。

（1）搭建信息交流协商平台。政府政策交流协商平台通常有管理局、委员会和协会式三种模式（黄河等，2010）[104]。一是搭建政策交流协商平台。长江经济带区域经济发展不平衡，上中下游生态环境重点问题、治理目标与任务都存在着巨大的差异性，因此，治理的路径与策略也有所不同。因“长江沿岸中心城市市长联席会议”讨论更多的是经济议题，在保持原有“长江沿岸中心城市市长联席会议”基础上，应再构建区域环境合作组织，为政府搭建协商交流平台。为此，一是可借鉴美国田纳西河流域管理局的经验，成立长江经济带流域管理局，统筹协调处理产业、水利、交通、能源、水环境保护等问题；二是成立经济带区域合作与发展委员会，该委员会可为各区域产业投资、基础设施建设、生态环境保护进行战略性、前瞻性设计，定期与不定期举办各层级研讨会、协调会，协调并整合推动区域内重大生态关联项目，推动区域合作与发展；三是成立长江经济带区域生态合作协议，2016 年长江中游地区签订了《长江中游地区省际协商合作机制的协议》，目前还没有整个长江经济带省际协商合作协议，可以在国务院牵头指导下成立各地方政府自愿洽谈协商达成跨行政区域的生态合作协议。有望实现在对方管辖领域互设治理机构，建立常态化的沟通机制，推动双方资源和信息共享，合作解决区域生态问题。

（2）搭建信息交流共享平台。加强信息基础设施建设，推动区域信息互联互通，实现信息资源共享，建设长江经济带大数据交流共享平台，包括环保政策、环保执法、污染源监控、环境质量督察监管、城市生态环境监管等内容，从环境保护工作“一体化”管理的视角，为政府信息沟通、精细化管理提供支持。

（3）构建信息交流协商的保障机制。从政策、组织、人员、经费上确保政府间信息交流协商政策化、常态化。

3. 政策协同调整机制构建

政策协同调整是指区域各政策主体针对客观条件变化，对相关政策进行修订和完善的互动协商关系。政策协同调整机制重点构建信任合作关系，核心是构建成本分担、利益共享分配机制，通过建立生态补偿机制，以市场化手段使外部成本内部化，让投资者受益、让污染者付费，避免和杜绝“免费搭车”现象。

政策协同调整机制的核心是处理成本共担、利益共享的关系，通过生态补偿协调各供给主体（政府、市场、第三部门和个人）的利益关系。

生态环境治理成本从宏观视角讲是指社会在一定时期内用于生态环境保护和环境损害治理的经济费用。从微观视角讲是指生产单位在其生产经营活动中由于所耗费生态环境因素的价值计量（王立彦，1995）[105]。宏观和微观视角对生态环境成本的表达虽然有所不同，但本质上是维护环境、预防污染、治理环境所形成的支出。政府运用行政手段和市场手段，通过多种政策工具的配合使用，对参与生态公共产品多元供给主体的成本支出给予补偿。

因此，加强长江经济带生态补偿的顶层设计，按照“谁保护、谁受益”“谁污染、谁付费”的原则，制定生态补偿的政策法规，科学划定补偿范围，合理制定补偿依据和标准，有效落实补偿资金的筹集和财政转移资金支付，明确补偿支付模式（张跃胜，2016）[106]。

二、信任合作机制构建

生态公共产品供给主体间信任是合作供给的先决条件，能够引领供给主体缔结平等互利、互信互诺的伙伴关系、维持合作博弈均衡状态，是最终形成以政府为主导、企业为主体、社会组织和公众共同参与的环境治理体系重要环节（盛明科和罗娟，2018）[107]。为此，应构建长江经济带生态公共产品供给主体间的信任合作机制。

（一）信任合作机制的含义

信任的概念最早起源于心理学领域，随着其他学科如管理学、经济学、社会学、法学、伦理学对信任的研究，学者们基于不同的学科视野给予了不同的界定。

经济学从个人功利理性视角进行了分析（Burt & Knez，1995）[108]；社会学从社会关系视角将信任看作一种重要的社会关系（Mayer 等，1995）[109]；心理学视角的信任是一种心理或者行为的个人化的反应（Robinson，1996）[110]。综合各学科观点，信任就是各个行为主体都相信，参与者不会为了自己利益利用信息不对称而采取机会主义行为。Grimsey 和 Lewis（2012）[111]认为，信任就是任何一方都相信彼此能够自发做出不损害对方的行为。Kotabe 等（2003）[112]指出，信任能有效阻止机会主义行为的发生。在交易中，双方的信任与善意，能够有效地降低交易费用，提高交易的成功率和满意度，并由此建立长久的信任合作关系。由此看出信任建立在对方的信用基础之上，而是否具有信用，其重要的客观标准就是看被信任的对象以往的成功履约率以及履行契约的能力，主观标准是信任主体对信任对象作出的违背契约心理预期判断（彭雷，2019）[113]。

在中国传统社会，人们之间所产生的信任是以血缘为核心、以地缘为参考逐渐向外扩散发展的（颜卉等，2019）[114]。随着现代社会的发展，契约关系已经成为人与人之间主要的信任依据，但是血缘和地缘关系依然有较强的认同感，由此所带来的信任依然带有超强的稳定性。

因此，就生态公共产品而言，信任就是指多元供给主体在博弈、谈判、区域合作与发展等特定环境下，在有限信息和经验基础之上，对对方履行承诺的积极预期及行为的认可。信任机制是指区域多元主体在生态公共产品供给中相互联系、相互协作的互动模式。

信任是合作的前提。在生态公共产品合作供给中以信任为基础可以确保多元主体减少博弈所付出的交易费用，达成长期的合作意愿，构建起持续而稳定的供给协同关系。在合作供给中信任水平越高，越有可能消除“搭便车”的机会主义行为，合作的可能性就越大，带来的社会福利越大。因此，信任是一种核心的凝聚力，是合作达成的黏合剂（胡象明和唐波勇，2010）[115]。

信任是合作的基础。多元主体的合作供给需建立在信任的基础上，与契约型信任关系不同，合作型信任产生于相互平等与尊重的氛围中。因此，多元主体合作需建立在自由、平等的理念之下，确保各主体间的权利平等，而确保权利平等的关键是构建一套政策规则。

信任是合作的保障。政策性规则是约束各合作主体行为的成文和非成文的法律规范，但如果没有主体间的信任关系，合作方有可能不履行甚至破坏合作协议的实施，从而使政策性规范成为一纸空文。

（二）长江经济带信任合作机制构建

1. 加强信任制度建设

作为多元主体之间的信任超出了中国传统的人际交往间关系，需要通过一种政策性规定作为传统人际架构范围之外的行动准则或办事规程，这种政策是对“非人际”关系领域内的社会互动的一种规范和承诺（邹宇春和周晓春，2016）[116]，以此确保行为人权益受到保护，非理性行为受到约束。例如通过建立内部激励机制，对在合作中有着良好表现的成员给予鼓励，可以有效地促进信任机制的建立，同时通过公平的约束机制加大对失信行为的惩罚力度，减少“搭便车”等机会主义行为，能够有效提高合作伙伴的收益率，提升合作的信任度。

2. 加强信息交流与共享

通过加强多元主体的信息交流沟通能够减少信息不对称程度，促进合作成员之间的了解和信任。如果出现信息封锁，一方通过信息垄断，出现某种“信息孤岛”，就会阻碍相互间的对话与交流、谈判与协商，那么就不可能产生彼此间的信任关系，区域合作就不可能成功。而区域合作成员由于交流沟通不够充分很容易会出现信任问题，以本章调研结果为例，社会公众对长江经济带生态环境治理的满意度整体不高，平均为52.76%（包括“满意”“很满意”两项），其中，对土壤质量（41.64%）、污水集中处理（41.64%）、生活垃圾集中处理（41.48%），这几项都低于50%，对固废垃圾处理满意度最低，仅为33.77%。因此，政府要通过多种沟通方式进行有效的信息交流，了解人民群众的意愿，消除双方的意见分歧。

中央政府在区域合作供给中的地位及其所拥有的话语权，在信息交流沟通方面具有决定性的作用。因此，应充分发挥中央政府在信息交流沟通中的桥梁与纽带作用。针对长江经济带经济发展不平衡，构建多元主体多维利益表达与利益协调平台，通过正式与非正式的信息交流与沟通，有效协调、化解区际利益冲突，实现区际利益表达有效性。

3. 加强信用道德建设

信用是一种道德资本，它通过道德自律约束合作各方行为，使之符合社会公认的行为规范，通过社会道德建设可以强化合作各方的信用意识，并形成良好社会信用环境（欧黎明和朱秦，2009）[117]。通过宣传教育将信任道德建设与法律法规建设有机结合起来，为信任机制的建设提供道德基础和文化基础。为此，要通过思想文化教育和宣传舆论引导，在全社会营造诚实信用的舆论环境，树立诚实守信的社会风尚。

4. 加强信任管理

所谓信任管理就是运用多种方法与手段对合作方的信任契约、信用度进行管理与评估，以规范合作方的信用行为，提高合作的信任级别。

（1）加强信任契约管理。契约型信任就是以合约方式确立合作方权责与义务，以确保各方利益得到保护。它将合作过程中的非理性成分排除，从而形成具有工具性的合作行为，防范不合作、不诚信的行为。信任契约管理就是约束合作方遵从契约精神，履行契约行为（黄建钢和李百齐，2008）[118]。

（2）加强信用度管理。为了引领和促进合作型治理结构的达成，推动多元主体供给合作，以应付众多不确定性及其随时可能引发的各种危机，多元合作供给方，特别是政府因在多元合作中起主导作用，需拥有良好的信用声誉并在合作中为其他合作方提供示范，并以平等的伙伴关系引导其他主体参与生态公共事务（黄建钢和李百齐，2008）[118]。

（3）加强信任度评估。为保证合作供给的持久性，需运用多种方式对合作主体间的信任度进行评估，尤其是利用第三方评估能够较好地判断合作态度（谢新水，2010）[119]。

三、生态补偿机制构建

长江经济带生态公共产品合作供给涉及多方利益相关者。在合作供给与合作治理中，如何平衡“成本—利益”关系，合理解决合作主体间成本分担、利益共享问题是推动流域间生态合作的关键。在我国政府主导型模式下生态补偿机制的建立可以有效解决政府间利益博弈，从而化解彼此间的利益分歧和矛盾冲突，达成合作共识意愿。

（一）生态补偿机制的含义

生态补偿“源于生态学中的生态平衡思想。自然界中，生物有机体、种群、群落或生态系统受到干扰时，会表现出缓和干扰、调节自身状态，使生存得以维持的能力”（叶文虎等，1998）[120]。生态补偿的本来含义是自然生态系统对干扰的敏感反应及自我修复或恢复能力。随着人类的经济活动增加对生态系统产生了持续的压力，导致生态系统自我修复能力被破坏，由此国内外学者才将视角由最初的自然生态补偿问题，转移到通过政策激励换取对生态环境保护，实现人口、资源与环境的协调发展（袁伟彦和周小柯，2014）[121]。

国外通常将生态补偿称为“生态服务付费”，Wunder（2005）[122]认为生态补偿就是“生态服务的购买者从生态服务提供者处购买生态服务的自愿交易”。随后国外众多学者，如 Engel、Farley 与 Costanza 等对 Wunder 的定义进行了拓展与丰富（袁伟彦和周小柯，2014）[121]。但 Wunder 的定义仍被认为是主流的定义而被学界广为接受。国内学者从不同学科视角对生态补偿进行了界定，如，毛显强等（2002）[123]认为，生态补偿是一种保护生态环境手段。它通过对生态环境破坏者收费，对保护者补偿的方式达到保护生态环境目的。王金南等（2006）[124]从环境治理与公共政策角度、王金龙和马为民（2002）[125]从系统生态学角度、毛涛（2008）[126]从法学与社会学角度、常杪和邬亮（2005）[127]从产权角度、赵玉山和朱桂香（2008）[128]从经济学角度给出了各自的解释，但在基本内涵上是一致的，那就是生态受益者对生态提供者所提供的一种补偿。

由此看出，生态补偿机制就是政府为了维护、恢复和改善生态系统功能，依据生态系统服务价值、生态保护成本和发展机会成本，运用政府与市场手段，调节生态环境保护相关方之间利益关系的公共政策（李文华和刘某承，2010）[129]。

生态补偿机制构建的核心是界定利益相关方、确立补偿金额、明确补偿方式。补偿金额的确立，取决于补偿标准，而补偿标准的确立取决于相关方受益和受损的程度。补偿方式是采取政府手段补偿还是市场化手段补偿，是现金补偿还是除现金外其他方式补偿等，这需要从要素配置、体制机制、政策引导、多元参与等角度考虑。

（二）生态补偿的手段

政府手段主要包括财政补贴、转移支付、税费改革、对口支援、项目实施，产业转移、人才合作和技术投入等（洪传春等，2017）[48]；市场手段包括生态税收、排放权交易、碳汇交易、水权交易、用能权交易等，其参与主体包括政府、企业、第三部门和个人，通过调整受益者与提供者、保护者与污染者的利益关系，实现整个社会生态效益、经济效益和社会效益协调发展。

按照调节手段不同将生态补偿分为政府主导型与市场交易型。

1. 政府主导型生态补偿

以政府为主导的生态补偿就是政府运用财政转移支付、财政补贴等财政政策工具，对生态环境保护付出成本的单位和个人给予的补偿，或运用行政手段强制受益方支付给保护方补偿金的一种方式。

其中，政府生态转移支付是最主要的形式，它包括中央对地方政府纵向生态转移支付以及地方政府间的横向生态转移支付。纵向转移支付的资金来源于中央财政资金，横向转移支付资金主要来源于政府税收、国家财政转移支付资金、扶贫资金和国际环境保护非政府机构及个人捐款等。

2. 市场交易型生态补偿

市场交易型生态补偿是指运用市场机制的作用，通过生态税、环境税、排放权交易等手段，将生态环境资源要素所要进行的补偿纳入市场化运营平台，实现市场机制利益调节的杠杆作用与生态补偿机制的激励作用有机结合，从而推动生态补偿目标实现的一种方式。

市场化补偿模式，包括排污收费、生态税收、碳汇交易等政策。

（1）排污收费政策。排污收费政策是指向环境排放污染物或排放的污染物超过了排放总量标准，污染者依据国家法律和政策规定标准交纳费用的制度。这一政策的实施充分体现了“污染者付费”的原则，将企业和个人的外部成本内部化。排污收费的难点在于征收标准如何确定，标准过低不能补偿污染对环境造成的破坏与损失，不足以对毗邻地区损失进行弥补，因此，如何动态而准确计算各类污染物对特定地区的污染及污染治理成本并进行补偿将变得十分重要。

（2）生态税收政策。生态税收政策是指国家通过完善税收体系促进环境保护。该政策最早在美国实施，美国早在 1987 年就制定政策对一氧化硫和一氧化氮征收排放税，如今在生态环保领域已形成一套相对完善的生态税收政策，包括对损害臭氧的化学品征收的消费税；由联邦和州两级政府开征的汽油税；联邦、州和地方政府征收的其他一些与汽车使用相关的税收和费用；对开采自然资源征收开采税（陈卫华，2003）[130]。目前发达国家和地区，如欧盟、澳大利亚、日本等都运用生态税、环境税等税制减少对环境的过度利用，有效保护生态环境可持续性。目前我国与生态补偿直接相关的主要税种有流转税、所得税以及资源税。对环境污染与环境保护的企业和个人都有一定的税收征收与税费减免，同时也征收矿产资源税，只是范围覆盖面太窄，其他资源如森林、土地、草原、海洋等的开发和使用尚未纳入资源税的征收范围，这表明我国生态环境税收体系还需要进一步完善。

（3）碳汇交易。就是推进温室气体减排，减少二氧化碳排放所采用的市场机制，即将二氧化碳排放权作为一种商品进行市场交易。张国华等(2017)[131]认为碳汇交易就是碳排放达到一定规模的企业从市场购买或出售多余碳排放配额的一种买卖行为。碳排放交易通过市场机制实现了森林生态产品价值的实现，通过碳交易可以将森林生态产品的价值货币化，解决长期困扰我国森林保护的资金问题。但碳汇交易目前在技术环节上还存在几个难题，一是关于价格标准问题，二是市场交易费用问题，三是交易风险的规避问题，四是数据的真实性问题（何英等，2007）[132]。

目前世界碳市场可分为两类（曾以禹等，2014）[133]：第一类是强制减排市场。需求来源于政府或企业强制性限排规定，产品价格通常由交易双方协商确定。目前欧盟排放配额（EUAs）、美国区域温室气体减排行动、新西兰的 NZ-ETS 等，都属于这一类型（张益纲和朴英爱，2015）[134]。第二类是自愿减排（VER）市场。主要参与方为规模大的企业或单位，但由于市场不够完善，也未形成统一的国际标准。我国碳汇交易起步较晚，一是需要在国家和行业管理部门的统筹规划下，立足国内减排市场需求，试点多种机制，以探索可行的操作模式。二是拓宽碳汇项目融资渠道，综合运用多种激励工具和补贴手段，推进全社会共同参与林业增汇减排行动。三是探索完善碳汇交易体系，在宣传引导、政策激励、监管模式、参与途径、技术支撑方面夯实基础，统筹协调多种政策体系，探索增强整体性、协同性和系统性的实施路径，提升综合行动效率。

（三）生态补偿的主要问题

2018 年财政部出台了《关于建立健全长江经济带生态补偿与保护长效机制的指导意见》（财预〔2018〕19 号），为长江经济带生态补偿与保护长效机制建立提供了政策依据。但是由于生态补偿是一个系统性工程，涉及完善的制度、补偿标准、资金来源、分配方式等一系列问题，加上地方利益博弈与搭便车心理，在实施中仍然存在一些问题。

1. 生态补偿的法律制度不完善

西方发达国家建立了完备的法律制度规范生态补偿行为。美国的生态补偿政策已经融入各行业的法律法规之中，如美国的农业法案明确了因各种生态环境问题而对农业生态补偿（尤艳馨，2007）[135]；日本制定颁布了关于《琵琶湖综合开发特别措施法》《水源地区对策特别措施法》，将生态补偿机制作为普遍政策固定下来（赵玉山和朱桂香，2008）[136]；德国联邦和各州层面均对生态补偿进行了详细的规定（张文珺等，2018）[137]，其他国家如巴西（刘强等，2010）[138]、哥斯达黎加（丁敏，2007）[139]等国家也都有健全的生态补偿政策。

国家曾计划制定生态补偿的法律制度，但至今尚未出台。尽管从 2016～2019 年中央先后出台了关于建立健全生态补偿机制的文件，如国务院《关于健全生态保护补偿机制的意见》（2016），后来国务院各部委先后出台了《建立市场化、多元化生态补偿机制的行动计划》（2018）、《生态综合补偿试点方案》（2019）。一些地方政府出台了规范性文件，如《苏州市生态补偿条例》（2014）、《无锡市生态补偿条例》（2019），但国家还没有从法律层面颁布生态补偿法规及配套性政策，导致生态产品供给主体与受益主体的责权利益难以界定，上游地区生态保护行为难以得到应有补偿。

2. 流域管理体制不顺畅

国际上流域管理体制形式多样，有流域管理局、流域协调委员会、流域综合机构。如美国第一个流域管理机构——田纳西流域管理局，对经济社会发展具有广泛权力，直接对联邦政府负责，有专门的经费滚动开发，立法赋予其高度的自治权。流域协调委员会则是由国家立法建立的流域环境协调组织，该委员会具有很大权力，负责对各州水资源开发利用和保护进行规划和协调，协调府际矛盾、制订计划和管理政策。流域综合机构，则是按照流域自然水系设立，以整合流域生态管理部门职责，推动流域管理体制创新。如英国泰晤士河水务局，主要负责流域水资源统一管理调配，并按照水的不同功能对水资源精细化管理（肖庆文，2019）[140]。长江经济带所面临的管理问题较之国际上流域管理问题要复杂得多，目前管理权力集中于中央及各部委手中，由于政出多门，没有构建起类似国际上的具有综合性、权威性的流域管理机构，而流域地方政府所成立的区域合作组织由于缺乏立法保障而权威性不足，导致流域利益协调、生态补偿实施存在较大难度。

3. 生态补偿方式单一

运用市场化手段处理生态补偿在国际上具有成熟经验。目前，我国生态补偿主要以中央补偿为主，受资金约束，在补偿标准、范围、方式、效果上无法从根本上解决生态治理“成本—收益”问题，难以调动各方生态环境保护积极性。而在政府主导下的市场化、社会化补偿不足，补偿资金上除政府财政资金外，企事业单位投入、绿色金融投入、非政府组织和个人捐赠等严重不足，产业转移、园区建设、对口帮扶、技术支持等其他补偿方式运用不充分（董战峰等，2017）[141]。碳汇交易、水权交易、排污权交易等市场化补偿模式也没有得到充分运用（赵雨森，2019）[142]。在横向生态补偿方面，尽管我们探索出了新安江模式，但长江流域其他区域横向生态补偿还没建立起来。

4. 生态补偿标准体系不完善

生态补偿标准是补偿资金分配实施中的难点问题。国际上生态补偿标准计算方法有支付意愿法、成本法、收入法、费用法、综合效益评价法、生态服务价值法等方法，但由于我国在生态环境服务、退耕还林还草效益、生物多样性、水文资源等方面的基础数据缺乏，在标准确立上存在一些技术上困难，导致一些计量方法的适用性及评价结果缺乏说服力，这使一些地方生态补偿标准确立建立在讨价还价基础上，既增加了交易费用，又不利于政府间合作共治。

（四）生态补偿机制的构建

1. 完善生态补偿法律制度

基于“谁受益，谁补偿”“谁污染，谁付费”的原则，加强生态补偿政策的顶层设计，制定完善的生态补偿的法律法规和政策，从总体上规定生态补偿的总体目标、指导思想、基本原则、重点任务等，在细节方面涵盖生态补偿的目的、补偿主体、补偿范围、补偿标准、补偿途径和法律责任等内容，再辅之以生态补偿审批、生态补偿的评估、监管等内容。

2. 完善流域生态管理体制

推动长江经济带生态管理体制改革，构建集中统一与分级分层管理相结合的流域生态管理体制，改变“九龙治水”状况。一是成立“长江经济带流域管理委员会”，该委员会将生态环境部、水利部、财政部、农业农村部等中央各部委部分生态管理权集中整合在一起，直接对中央政府负责，其职责是负责对流域水资源开发利用和保护进行规划，负责生态环境保护与管理协调。二是成立“长江经济带流域生态补偿委员会”，该委员会受国务院统筹协调，由长江沿线 11 省、市地方政府组成，将流域生态补偿纳入重点工作并展开谈判与磋商，以建立能够体现各方利益的生态补偿长效合作机制。三是在局部流域和支流区域，可以由地方各级政府建立具有层级的灵活的管理体制（肖庆文，2019）[140]。

3. 完善多元化补偿方式

（1）推动由“输血型”为主向“造血型”补偿为主转变。通过产业转移、园区建设、对口帮扶、技术支持、劳务合作等举措，实现生态补偿方式多样化。为此，制定出台激励性的投资引导政策和财政金融支持政策，鼓励长三角地区通过高新技术转移和新型环保产业向中上游地区转移扩散（王树华，2014）[143]。推动上游地区在生态环境保护的过程中实现产业结构、产品技术的跨越式升级，营造长江经济带合作共赢、互惠互利的一体化发展环境，推动实现由“输血型”为主向“造血型”补偿为主转变。

（2）推动由政府主导型为主向市场化主导型为主转变。国际上流域生态补偿成功实践表明市场化、多元化补偿可以有效提高流域生态环境治理效率，但市场化、多元化补偿实施需建立起完善的市场体系以及交易规则，具有完善的产权保护与交易制度、良好的信用环境、严格的环境质量标准、代表不同利益主体的交易组织（肖庆文，2019）[140]，但目前我国在这些方面还存在较大差距，需要加快建设和完善，积极推动由政府主导型为主向市场化主导型为主转变。

（3）推动由纵向转移支付为主向以横向转移支付为主转变。在现有生态转移支付中，纵向转移支付占比较大，尤其是中央对地方的转移支付占有较大比重，地方政府间的横向转移支付不多，如我国新安江流域跨省生态补偿试点开始于 2011 年，但直至 2014 年因新安江出境断面水质达到考核标准，才得到 1 亿元生态补偿资金，以此首开我国横向转移支付的先河。从长江经济带看尚未开启横向转移支付实践。为此，应将新安江模式移植到长江流域，力争实现中下游地区对上游地区的合理生态补偿。此外，应积极争取民间资本支持，可以“借鉴国外‘生态银行’实践模式，建立储备交易和政策性银行、商业银行、投资基金相辅相成的多元化‘生态银行’体系”（廖小明，2020）[144]，实现生态补偿资金来源渠道的多元化，实现由纵向转移支付为主逐步过渡到以横向转移支付为主。

（4）发挥科技创新支撑作用。加强对国家重点生态功能区以及流域生态保护过程中的生态补偿标准体系等关键技术的创新与应用，同时大力通过技术攻关解决在资源开发中的生态系统的修复与功能恢复，充分利用现代科技手段为生态补偿提供有力支撑。

四、绩效评估机制构建

（一）绩效评估机制的含义

国内外学术界对绩效的理解，是基于经济学、管理学视角从效率、产品与服务质量及数量、机构所做的贡献与质量方面进行界定（普雷姆詹德，2002）[145]。

绩效就是对一项活动的结果进行评价，包括投入与产出、投入与结果的比较，也包括资源配置效率及结果的评价。因此，绩效评估一般从投入、产出、结果三个维度构建评价指标体系，投入主要指资本、人力、技术和制度，从投入看主要是要素禀赋质量及是否符合经济性要求；从产出看，主要是通过资源合理配置看出管理水平，利用投入产出比指标评价配置效率；从效果看，主要是产出效益是否符合预期目标，进而促进经济社会正效应，带来社会公共福利的最大化。

环境绩效评估机制，是评估主体根据一定理论与政策依据设定相关的评估指标和标准，针对被评估对象在一定时期内的生态环境相关活动过程及效果进行考察、评定，给出反映被评估对象环境治理成效的评估结果，为环境绩效提升与改进提供支持和帮助的一项政策。

这里所讲的评估主体，是指依据评估相关政策和指标，运用科学的评估方法对评估对象的生态环境状况和水平所进行评估的机构。主要包括公共管理部门（政府机构）、商业部门（企业）、第三方机构（研究机构、审计机构和非政府组织等）。不同的评估主体对于环境绩效的评估侧重点也不相同。

环境绩效评估对象包括实体企业、政府及管理部门，也包括非实体的法律法规、政策、技术规定、标准等的实施对生态环境所产生的影响。

中国环境绩效评估，有狭义和广义之分。狭义环境绩效评估是国家根据一定时间、一定区域内生态环境治理目标，评估地方政府的环境治理成效。具体指对地方政府在辖区内的大气、水资源、土地、森林、湿地、生物多样性等突出环境问题治理所付出投入与取得成效的测度与评价。广义环境绩效评估主要是指地方政府的绿色“GDP”绩效，即“用较为科学的生态治理绿色核算政策，设计出一套生态治理绩效评估指标体系，成为中国生态治理绩效评价的核心”（洪富艳，2011）[146]。它通过建立自然资源的资产账户核算体系，将政府经济社会发展指标与发展带来的环境压力所形成的环境成本进行比较与评估，突出绿色增长理念。

生态环境评估肇始于美国，1969 年美国制定了以《国家环境政策法案》为基础的环境影响评价政策，随后于 1978 年制定的《国家环境政策法案实施条例》，为政府实施环境评价提供了规范性操作标准和程序（唐斌，2017）[147]。随后欧盟也制定了环境评估政策，在评估主体、评估对象、评估标准等方面构建了完整评估体系及运行模式（王军峰等，2016）[148]。1998年，中国香港制定并实施《环境影响评估条例》，该条例作为环境影响评估政策，对评估内容进行了系统设计，是一部十分完善的环境影响评估政策（吴建，2012）[149]。

（二）绩效评估机制构建

1. 建立生态环境绩效评估法规体系

出台国家《生态环境绩效评估法》，对评估主体、评估对象、评估标准、评估程序、运行方式，评估结果与责任等作出规定，并以法律形式固定下来，推进我国政府生态合作治理绩效评估顺利进行。

2. 健全科学的生态环境绩效评估指标体系

指标体系为绩效评估提供了载体和标准，是实现绩效评估客观公正前提。对政府在生态环境保护、环境评估方面建立投入产出以及对政府环境管理行为的效率、效果进行评价，找出问题症结所在，促使政府从多层面、多角度改进政府生态环境行政职能，提高政府环境绩效。

3. 创新生态环境绩效评估方式

坚持政府部门自身评估与社会公众评估相结合的评估模式，特别注重引入专业机构、民间机构的第三方的评估。在评估方法上，应尽量采用客观指标，把多指标综合定量评估与社会公众评议有机结合起来。

4. 完善生态环境绩效评估配套政策

生态环境绩效评估是一个系统工程，须建立与之相配套的政策体系。包括电子信息系统平台（信息收集系统、信息评估系统和反馈系统）建设、奖惩激励机制设计、申诉与仲裁政策及监督保障政策建设等，以保证生态治理绩效评估体系的有效运转。

五、监督约束机制构建

（一）监督约束机制的含义

监督约束机制是指对生态公共产品供给主体在供给过程中的行为及结果进行监视、督促和管理的一种方式。在现有行政体制下，我国对政府监督约束的主体包括政府自身监督，以及人大、政协、司法和社会力量。监督约束的对象主要是政府以及与政府合作的企业、社会组织。我国由于政府是供给的主体因而成为主要监督约束对象，监督约束的内容包括供给合作投入、过程、产出与结果，换言之就是对政府间、政府与企业和社会组织间在生态环境保护与治理过程中合作行为及行为结果进行监督。监督约束方式是实施监督约束的一系列规制的总称，包括监督约束的程序与规则等。

我国生态环境监督的主体是国家及地方环境保护部门，它根据《环境保护法》的规定而确立。

（二）环境监督约束机制构建

1. 明确环境监督管理机构职责

我国实行的是环境保护行政主管部门对环境实行统一监督和管理，相关行政主管部门实行专项监督管理相结合的执法体制（佟岩，2020）[150]。从横向看环境监管的权力分散在众多部门，难以形成政策化或程序化的沟通协调机制，纵向看，地方各级环境保护部门受到双重领导难以形成对辖区政府、企业环境监督，尽管针对现有问题已进行改革试点，由省级环保部门统一行使生态环境监督职责，通过向市或跨市县区域派驻等形式实施环境监察。但现实中，由于利益关系影响也难以不受干扰发挥作用，即使是省级环保部门，要想绝对不受市县两级政府的干涉和影响，也是较难做到的。因此，应在相关法律等方面对环保部门相关机构法律地位和独立行使的职能进行清晰界定，确保各环境保护相关职能部门在环境监督管理方面的工作分工明确。

为此，应建立独立的环境监督机构，提高监督机构的权威性，整合农、林、水利、住建等部门监管职责，发挥政企合作监管、社会组织监督职责。

2. 加强生态环境监管能力建设

按照政府相关要求，推动环境监管标准化建设，提高监督管理执行力。一是加大政府财政投入力度。中央应通过财政预算、专项资金引导地方政府把环境监管建设经费纳入经常性预算，并予以足额保障；二是加大人才培养和科技创新力度。制订环境监管人才培养专项计划，重点在环境监测、监察、宣教、危化品污染、生态应急管理等人才培养上加大力度，将互联网、大数据、区块链等现代信息技术运用于环境监管，提高环境监管效率。

3. 建立生态环境的社会监管机制

环境监管离不开社会的参与，区域生态环境合作涉及多元主体，由于沟通与交流上存在信息不对称，使监督形式化、表面化，达不到通过监督促进区域合作治理的效果。因此，要充分发挥社会公益组织、公众、媒体在环境监管中的作用，弥补政府环境监管的缺陷和不足，为此，构建环境社会监管机制，对提高环境监管的效果具有重要作用。一是要畅通环境社会监管渠道，建立生态环境信息公开制度，以确保社会对生态环境的知情权；二是建立公众对具有重大环境影响的建设项目的政府决策监督，提高政府环境决策的科学化、民主化；三是加强环境监管网络工具建设，鼓励社会公众积极参与环境违法投诉，加大环境违法追责的力度。

4. 建立地方政府履责的内控制度

Altamuro 和 Beatty（2010）[151]提出内部控制是“一系列能够帮助政府实现管理目标的态度、方法、程序与措施等行为总称”。国内学者王光远（2009）[152]认为：“政府部门内部控制是为防范和杜绝舞弊、滥用职权、资源浪费和管理失当而进行的系列流程控制，其中包括各种控制机制与制度，是一个完整的体系，能够保证公共受托责任的有效履行”（王光远，2009）[152]。生态环境监督约束的内控制度，就是围绕监督约束目标，通过制定一系列的管理制度、管理体系，确保政府相关人员行为合法合规地履行相应职责。科学的内控体系应当贯穿决策、执行、监督的全过程，能有效预防区域生态环境合作治理的风险，保障区际政府间合作顺利实施，实现合作效益最大化。因此，为了确保政府履行生态环境治理责任，建立完整的制度体系成为内部控制制度建设的必须。包括宏观层次的生态环境法律、行政法规；微观层次的地方性法规及政策、行业内部规则等。内控制度应针对生态环境系统性治理与修复、生态环境损害赔偿、生态资源环境管理追责等不同领域与环节进行制度设计。同时进一步完善地方政府生态环境绩效评估指标体系和政府官员离任生态审计内容，作为内控制度的重要补充。

| 第八章 |

长江经济带生态公共产品合作政策措施

本章实证研究表明长江经济带生态承载力综合指数 2019 年为 0.2767，人民群众对生态环境治理满意度平均为 52.76%，揭示了长江经济带生态环境的脆弱性及人类活动对生态环境造成的巨大压力，导致生态环境承载力处于很低水平，同时也反映了人民群众对生态环境治理成效评价不高，它充分证明了长江经济带实施“生态优先，绿色发展”战略决策的及时性和重要性。为此，应充分发挥政府、市场、生态公益组织和个人在生态环境保护和修复中的作用，通过制度设计和政策创新，推动政府为主导的生态公共产品多元合作供给，实现长江经济带“一江同体，多元共治”格局的形成。

一、合作供给的生态环境管理体制改革

近年来我国推动了生态环境管理体制改革，在一定程度上扭转了由于政府生态管理体制问题带来的生态公共产品供给的“政府失灵”与“市场失灵”现象，但是应该看到体制性障碍仍然阻碍了我国生态公共产品多元合作供给格局的形成，导致生态环境恶化状况并未根本好转，因此，推动生态环境管理体制深化改革已势在必行。

生态环境管理体制指国家对生态环境进行管理的系统结构和组织方式。通常指国家生态环境组织的形式，它规定了政府间、政府与企业间、政府与第三部门间的关系，并通过一定的管理手段和方法来影响生态公共产品供给

主体、供给范围、对象、方式等。

（一）我国生态环境管理体制改革

我国生态环境管理体制是根据我国条块结合的行政管理体制传统，逐步形成了"以政府主导的统一监督管理与分级、分部门管理相结合"的管理体制（谢海燕，2014）[153]，这一体制的主要问题是生态环境管理职能不统一、行政化管理、地方政府动力不足、协同治理机制缺失、多元治理格局未形成。表现在生态系统作为一个整体，它的功能发挥具有完整性、统一性、系统性，与此相适应的生态管理职能也应该具有完整性、统一性，但现实是生态管理职能归属于不同部门，形成"九龙治水"的格局，不利于生态环境保护；中央与地方在生态环境管理上存在委托代理关系，由于地方政府受经济利益驱动，在经济发展与环境保护产生矛盾时，为了经济利益而牺牲环境现象时有发生，导致生态环境保护动力不足；随着分税制改革，"为增长而竞争"成为地方政府常态，在跨区域生态环境上存在的"邻避行为"而导致协同治理的缺失；单一的行政手段排斥了市场机制和多元主体的合作，影响了作用的发挥。

随着生态文明建设深入推进和生态环境完整性保护，以及整体性治理理念的树立，国家对传统的生态环境管理体制进行了改革。

1. 推进大部制改革

按照大部门制改革的思路，实现所有者和监管者职能的相对分离（解振华，2018）[154]。我国自然资源所有权属于全体人民，并由国家代表全体人民行使自然资源所有权，自然资源部作为国家代表除了履行自然资源资产所有者职能外，还承担所有国土空间用途管制及生态保护修复等多项职能。生态环境的监管职能由生态环境部承担，统筹负责建立健全生态环境基本制度以及生态环境监督管理，这样把所有者与监管者职能分开，有利于各司其职，各负其责。

2. 推进监测监察执法垂直管理制度改革

中央出台《关于省以下环保机构监测监察执法垂直管理制度改革试点工

作的指导意见》，明确了环境监测管理体制改革基本做法，就是针对我国现行以块为主的地方环保管理体制存在的对地方政府环境监督不力以及执法干预等问题，实行生态环境质量省级监测、考核，通过省级环保部门垂直管理着力解决地方政府环境保护不力的问题。①

3. 对中央与地方财政事权和支出责任进行了重新划分

根据财权与事权对等原则，针对重要生态环境、跨区域生态环境、地方生态环境的恢复治理，保护与修复，明确了中央、地方政府责任，建立了权责明晰，区域均衡的中央地方财政关系。

（二）生态环境管理体制改革主要问题

1. 所有者与监管者的权责边界不够清晰

我国中央层面将生态环境的所有者与监管者职能进行划分，有利于独立地行使职责，但职责上可能存在交叉。如自然资源部承担着生态系统修复、综合治理的职能，但生态环境部也承担着这一职能；在环境监管上生态环境部推进了垂直改革，明确中央和地方政府有关生态环境管理和监督职能如何分工；自然资源部承担自然资源监测、调查和统计职责，生态环境部承担着自然资源治理的监管职责，因此需对权责边界进行清晰界定以外，还需要职能上协同。因为自然生态环境是一个有机整体，具有完整性和不可分割性，需要协同决策、协同配合、协同治理。

2. 地方保护动力仍然不足

尽管对生态环境监测实行垂直管理改革，对中央与地方生态财权事权与支出责任进行了重新划分，但积重难返，短期内难以真正落地（解振华，2018）[154]。因为我国区域发展不平衡问题短期内难以解决，地方政府面临着发展经济的巨大压力，在中央财力有限，“僧多粥少”的现实背景下，地方

---

① 《围绕“4 个突出问题”推进制度改革——访环境保护部副部长李干杰》，新华网，2016 年 9 月 23 日。

政府的主要精力还是经济发展，生态环境保护的动力自然也就弱化。尽管近年来国家把生态环境保护也纳入干部政绩考评之中，但与经济建设成效立竿见影不同，生态环境治理成效短期难以显性化，导致地方政府重视不够，加上考评指标设置不科学、考评结果与奖惩脱节，对地方政府激励约束不足，难以起到应有作用。

3. 管理的市场化机制运用不足

我国生态环境管理体制改革立足于政府内部管理组织间职能整合与调整，仍属于政府内部管理体制改革，发挥市场机制在生态环境管理中的作用明显不足，一是绿色金融、绿色税收、绿色财政政策不完善；二是仍以政府财政补偿为主，市场化生态补偿机制尚未建立起来；三是市场化治污机制运用仍处于探索之中，排污权交易、碳排放权交易、水权交易试点工作已开展多年，从试点情况看，存在各种各样问题，效果不明显；四是多元合作治理机制还未形成，PPP 模式、第三方治理等在政策法律上、市场准入与退出机制上、政府监管方式上还有许多不完善地方。

4. 管理的社会化进程缓慢

生态环境管理的社会化就是促进环境保护领域的第三部门（民间组织、生态环保公益组织）发育、成长和壮大，通过市场机制和自愿机制的结合引入生态公共产品的民间供给主体，在遵循“利益共享，成本共担”原则下，履行其生态环境保护和治理责任，推进与政府、企业在生态环境保护领域合作共治。但是整体上看公众参与广度、深度不够，领域较窄，与政府环境决策互动不够，联系不紧密。主要原因在于环保信息共享机制未建立起来，公众获取环境信息渠道不足；公众难以与政府建立“桌上平等”和共识决策；环保组织独立性差，在组织、人员、资金上对政府存在一定的依赖性，生态话语权不够，对政府生态监督作用有限。

（三）深入推进生态环境管理体制改革

我国生态环境管理体制改革的目标是通过重塑政府、市场、公众三者关系，“建立政府主导、市场推动、企业实施、公众参与的管理模式”（谢海燕，2014）[153]。加强政府职能转变，通过法律、经济、必要的行政手段推动市场主体参与生态环境保护与治理，通过政策手段引导社会公益组织和社会公众积极参与，形成政府为主导的生态公共产品多元合作供给新模式。

1. 进一步理顺政府间的权责关系

一是科学划分中央与地方政府生态环境权责，理顺各层级政府的管理职能，推进各级政府生态管理事权规范化、法制化。中央对生态环境领域中央与地方事权和责任进行了重新划分，但当前长江经济带发展不平衡，经济发展与生态环境保护矛盾较为尖锐，面对“发展优先”还是“保护优先”问题，应以起草长江保护法为契机，完善生态环境保护法律法规体系，构建包括“河长制”在内的现代流域综合管理体系，对决策、执行、监督监管等事项进行必要的分离，并在合理划分政府间权责基础上，构建钱随事走，事权与财权匹配的中央与地方新型关系，进一步完善“保护优先”生态补偿、转移支付、生态购买、绿色金融等相关政策，调动地方政府生态环境保护积极性。

二是加快推进环保部门内相关职能的整合转变。在中央生态环境管理机构改革与职能转变后，在环境保护税、环境统计、排污权交易、环境评价、总量控制、污染排放标准等方面应进一步推动制度整合和部门协同机制的建立，提高生态环境管理效率。

2. 充分发挥市场机制的作用，激发企业活力

一是在科学合理地界定环境资源产权基础上，引入市场机制推动环境资源产权交易。充分利用环境资源的价格机制，使稀缺的环境资源得到优化配置，实现环境资源的有效节约和保护。二是综合运用财税、货币、投融资等经济手段，激励企业加大环境保护投入，促使企业外部成本内部化，切实提高治理效果。三是进一步完善排污权、碳排放权、用能权、水权交易制度，加强交易的市场规则建设，特别是全国碳排放权交易市场规则建设，配套出台各项管理制度和标准。四是建立市场化生态补偿机制，通过对口支援、共建园区、现金补偿、水权及碳汇交易以及水电电价和水价中征收生态补偿基金等途径实现市场化补偿。

3. 完善社会公益组织与公众参与机制

建立社会公益组织和公众与政府、企业合作供给生态公共产品的机制，有效弥补政府和市场双重失灵问题。一是建立信息共享机制。建立生态环境信息共享平台并向全社会开放，让社会公益组织与公众及时了解政府生态环保政策和生态环境现状，提高生态环境保护的社会参与度。二是建立决策参与机制。制定社会有序参与生态环境决策的政策措施，鼓励和支持社会各界参与。在涉及环境规划、环境整治、污染治理、生态工程及管理监督等重要事项上，政府应通过各种渠道广泛倾听社会各界意见建议，并时刻接受社会监督，以保证决策的科学民主，形成“事前可参与、事中能监督、事后可诉讼”参与机制（谢海燕，2014）[153]。三是加强我国生态环保组织引导培育和规范。通过完善对该组织的相关法律政策，鼓励和支持利用自愿机制的优势，更多参与生态公共产品的供给，弥补政府机制、市场机制的不足，并协助政府加强环保宣传和对企业污染的督察等工作。四是运用政府财政手段，建立生态环境公益组织的资助机制，并将经费列入政府预算，广泛吸收企业捐赠、个人捐赠和各种基金会资助，以及通过社会服务收费解决资金困难。

4. 健全流域生态环境管理协调机制

借鉴国外流域管理经验，在国务院统一领导下，组建具备生态环境管理功能的长江流域生态环境管理局，负责长江流域的生态环境保护及管理决策；建立省际信息沟通和政策协调平台，推动横向补偿机制、产业和资源跨地区转移等工作；建立政府间生态保护利益协调机制，推动多元合作供给与治理；组建长江经济带生态发展银行，推动一体化的生态保护、绿色基础设施建设和绿色发展。

二、合作供给法律制度建设

近年来国家构建了生态环境法律法规框架体系，基本实现了各环境要素监管主要领域全覆盖（郄建荣，2020）[155]，但是政府为主导多元合作供给的法律制度还不完善。本章根据长江经济带生态公共产品合作供给与协同治理的要求，针对中央与地方法律权限冲突、市场与政府的角色冲突、经济利益与环境治理冲突，从法制保障和合作执法等方面思考，力求在立法、执法、司法合作等方面实现协同化，解决生态环境治理中碎片化问题。

（一）构建生态环境立法体系

以整体性、全面性、预见性和约束性原则出发，构建统一的长江经济带流域生态环境立法体系。

宏观层面上从长江流域整体视域建立综合性法律体系，在立法目的上将生态保护置于首要位置，在立法内容上解决整体性环境保护的制度安排、责任设置等方面的问题，具备整体性、全面性、预见性和约束性四个特征（罗念和付炫平，2018）[156]。整体性是将长江流域作为一个整体考虑立法所要涵盖的保护范围，而不是拘泥于某一区域、某一城市。全面性是指环境立法必须基本覆盖全流域生态环境各个要素及影响环境保护的经济、社会发展要素。预见性是指环境立法要有超前意识，充分考虑并预见我国未来一个相当长时期经济社会发展对生态环境影响以及我国碳排放的国际承诺，推动减排目标的实现。约束性是指环境立法强化职责分工，责任明确，科学界定和划分政府、企业、个人、社会公益环保组织在生态公共产品合作供给与治理中的责任，特别是政府间的责任划分。

微观层面上各省市政府以长江流域整体法律为指导，根据本地生态环境、自然资源、社会经济实际情况，特别是生态环境的复杂性、独特性及社会经济发展的阶段性设立地方法律法规。但是目前长江经济带许多省市在这方面的立法工作都相对滞后，许多省市在环境立法上还有许多空白。

在构建统一的长江流域生态环境立法体系上，必须强调各地方（省市）环境立法之间的协调性，通过签订政府间合作协议，协同立法，共同建立流域上下游间生态环境的合作治理、生态成本合作共担、生态效益合作共享机制。

（二）完善合作供给主体法律制度

长江经济带生态环境法律规范的行为主体，享有相应法律权利，履行相应义务，具体包括国家、企业、个人和社会环保组织，它们在环境保护中的角色不同，行为方式也不同，应根据不同角色的生态公共产品供给行为进行立法，使不同主体权益得到保障。立法的目的首先是通过立法形式进行有效制度安排确立多元合作供给主体，特别是企业、环保公益组织和个人在合作供给中的合法地位，明确它们在合作供给中是平等伙伴关系。其次是通过立法对财产权进行清晰界定和保护，以保障生态公共产品生产的劳动、资本、技术等要素投入可以顺利转化为相应的生态物权或生态财产权，并在其受到不法侵害时获得与国家财产权平等的救济机会或补偿机会。最后通过立法保障生态物权或财产权合法交易，降低交易成本。国家通过立法形式保障多元主体要素投入的收益同时建立生态产权交易规则，运用市场化手段实现生态价值，国家可以通过购买企业、社会组织和个人对植树造林、治理环境污染地块、修复废弃矿山、治理荒漠化等生态产品实现其价值给付（吴良志，2020）[157]，保障多元供给主体的投资与服务获得收益。

（三）完善合作供给对象的法律制度

将合作供给对象生态产品作为立法保护的客体。生态产品包括自然界的野生动植物、矿产、森林、草场、河流、湿地、海洋等生态产品，还包括“山水林田湖草”生命共同体、气候、水体、生物多样性以及环境容量等生态系统，这些是人类赖以生存和繁衍的基础，通过立法将其作为财产法、物权法保护的客体加以保护（吴良志，2020）[157]。同时，加快建立生态环境质量标准体系立法保障，对国家重要干流、支流、湖泊的水体、重要生态保护区土壤、森林、重要湿地保护等生态环境质量标准以法律制度加以确立，并根据不同生态功能区划的要求对水体、空气、土壤等生态环境质量标准进行动态修改完善，并严格按照生态环境标准制订和修改污染物排放标准，与生态环境执法综合绩效考核评估指标体系实现有机融合。

（四）完善合作过程法律制度

由于多元主体在合作供给中存在不同的利益诉求，特别是私人部门和环境公益组织在提供生态公共产品过程中存在不同利益关系，因此，私人部门和社会环保组织追求利益的行为是否得当，是否合理合法，特别是政府与社会环保组织及个人之间的合作过程和结果是否合理合法，需要置于法律与制度的监督之下，使之规范运作。一是清晰界定生态公共产品多元供给主体的权利边界，促进多元主体依法、高效、有序地参与生态公共产品供给。二是依法规范合作供给的范围，并赋予供给主体相应的权力。明确企业或者环境公益组织承担供给的范围，对哪些属于可以由企业或者环保组织承担的生态公共产品须由国家的立法机关决定，至少也应通过授权立法的形式予以规范，行政机关不能任意以法规和规章予以强制（操小娟，2008）[158]。

（五）完善生态补偿的法律制度

生态补偿法律制度包括补偿主体、补偿标准、支付条件和补偿方式等内容。国家应尽快颁布《生态补偿条例》，对上述内容作出原则性规定，长江经济带地方政府可根据流域内生态环境状况、资源分布状况及生态功能价值状况为基础，充分考虑生态环境建设贡献者、获益者状况及特征，制定多种补偿标准、补偿内容、补偿方式，特别是针对流域横向补偿和市场化补偿运用不足，补偿方式单一问题，探索建立具有长江流域特色的区域生态一体化的补偿模式，并建立相应法规及配套细则、方案（于君刚，2019）[159]。

目前长江经济带部分省市已进行了前期探索实践，如浙江省分别于2005年、2008年出台《关于进一步完善生态补偿机制的若干意见》《钱塘江源头地区生态环境保护省级财政专项补助暂行办法》《浙江省生态环保财力转移支付试行办法》3个文件，成为全国第一个实施省内全流域生态补偿的省份。江苏省也于2007年颁布《江苏省太湖流域环境资源区域补偿试点方案》，2008年江苏省政府常务会议审议并原则通过了《江苏省环境资源区域补偿办法》，2014年江苏省人大会常委会批准《苏州市生态补偿条例》，

2015 年苏州市政府又随后制定了《苏州市生态补偿条例实施细则》，为生态补偿的综合性立法进行了初步的地方性尝试。2012 年正式实施的新安江跨流域生态补偿机制试点，安徽、浙江两省签订了《新安江流域水环境补偿协议》，通过 3 轮试点以后，新安江流域总体水质为优并稳定向好，跨省界断面水质达到地表水环境质量二类标准，2015 年，新安江跨流域生态补偿机制试点成为中央改革办评选的全国十大改革案例。可以说经济发达的“长三角”地区生态补偿实践走在全国前列，为长江经济带流域生态补偿法律制度建设提供了借鉴和参考。

三、合作供给的财政政策措施

财政是区域合作供给的基础和重要支柱，科学的财税制度对多元合作供给主体具有导向作用，因此，必须发挥财政政策工具的调控作用，针对区域生态环境状况，优化资源配置，提高合作供给水平与质量，实现区域生态环境治理的目标。

财政政策中的转移支付、补贴、绿色采购以及污染治理投资等政策，以资金直接支持的方式激励地方政府、企业加强合作，加强生态公共产品的供给。税收政策一方面通过税收优惠可以降低环保企业生产成本，鼓励企业优化环境生产要素的分配使用；另一方面通过征税方式将排污者造成的负外部性内部化，增加企业排污成本，引导节能环保产业的发展（李天建，2017）[160]。

（一）财政政策在合作供给方面存在的主要问题

1. 政府责任偏重，企业、民间责任不足

在市场经济条件下，政府为社会提供公共产品是义不容辞的职能。在生态公共产品供给领域政府职能主要是负责生态规划编制、生态产品生产政策支持与监管、激励企业与民间主体参与生态产品生产、筹措生产资金为生态治理提供财政支持，但政府不直接参与生态公共产品生产，而只为生产提供政策与财力支持并行使监管职能，企业、民间主体则承担着生产、碳汇

（源）治理、生态环保的具体职责。

目前政府无论是在生态公共产品生产的政策支持，还是在财政资金投入上都承担了自己的责任，但企业、民间主体责任履行还存在较大差距。如在环保投入上，2016 年我国全社会环保投入约 1.3 万亿元，约占 GDP 的 1.7%。其中，全国节能环保直接投入 4 700 多亿元，如果再加上通过科技等投入及税收优惠，政府总投入至少 6 000 亿元，约占总体环保投入的一半，无论是与发达国家相比，还是与发展中国家相比，占比都非常高（刘伟，2018）[161]，到 2020 年，我国环保投资占 GDP 的比例将不低于 3.5%，突发疫情影响了这一目标的实现。当前我国环保投入不足在于企业投入不足，根本原因是财政政策的激励约束机制未完全建立起来，导致企业环境约束软化，企业无须提供环保投入也可正常运行，民间主体投入不足则是由于资源环境产品价格机制中，没有把环境成本纳入价格核算中，使民间消费无须支付环境成本。

2. 中央与地方财政事权与支出责任划分不够清晰明了

长期以来，我国流域生态治理实行中央与地方合作共治，但由于中央与地方财政事权与支出责任划分不够清晰，在中央与地方相互博弈或者讨价还价中，中央成为财政事权与支出责任承担的主角，地方政府承担责任偏少。鉴于此，国务院办公厅 2020 年 6 月印发《生态环境领域中央与地方财政事权和支出责任划分改革方案》（国办发〔2020〕13 号），将重点流域海域生态环境规划等确认为中央财政事权，由中央承担支出责任；将跨区域的污染防治项目，由中央和地方政府共同负责；其他地方性污染防治项目，由地方政府负责，还将长江、黄河等重点流域水污染防治等事项，确认为中央与地方共同财政事权。针对重点流域海域生态环境规划等确立了中央财政事权和支出责任，对长江、黄河等重点流域水污染防治等事项由中央与地方承担共同责任，但在具体操作上如何科学划分财政事权与支出责任，还缺乏具体的实施细则和合作协商平台，因此，其效果还需进一步观察。

3. 合作供给的利益补偿机制不健全

长江经济带生态公共产品合作供给受多元利益博弈影响，地方政府在经济利益与环境利益关系处理上常常受到经济利益的支配（张萍，2018）[78]，通常以本地区利益最大化作为供给合作的起点，导致在合作供给中形成错综复杂的利益冲突与摩擦，因而产生以邻为壑的“邻避效应”，阻碍跨界生态环境共治目标的实现（张萍，2018）[78]。原因在于长江流域上下游间经济发展不平衡，多元供给主体在生态环境利益诉求上存在较大差异，各地区产业发展和环境治理等方面存在诸多利益摩擦和冲突，因此，构建利益协调机制是长江经济带生态合作供给的关键。

我国建立了以重点生态功能区转移支付为主体的纵向补偿和以跨省流域生态补偿为试点的横向生态补偿。从纵向补偿来看，长江经济带生态补偿资金具有一定的奖励补偿功能，主要奖励补偿机制建立早、覆盖范围广的省市以及生态环境相对脆弱的上游地区，目的是通过这一激励措施在全流域建立和推广流域生态补偿机制，加强对全流域特别是上游地区生态环境保护的支持力度。2017～2020 年中央财政从水专项资金中投入长江经济带生态补偿资金 180 亿元，其中 2018 年生态补偿资金 50 亿元，以长江经济带省份生态补偿建立情况及生态补偿机制运行情况为标准，拨付给沿江 11 省份（操小娟，2020）[158]。为推进长江经济带省份积极建立跨省（市）、省（市）内生态补偿机制，中央按照“早建早给，早建多给”的原则规定 2018 年、2019 年、2020 年建立机制，分别享受全额 80%、60% 的奖励资金，沿江 11 省份均赶在 2018 年底前出台或更新省（市）内生态补偿协议，着重建立健全省（市）内生态补偿机制，鼓励建立跨省（市）生态补偿协议。到 2020 年长江经济带签订了新安江、赤水河、酉水、滁河、渌水等多个跨省流域生态补偿协议，但其他上下游争议较大的流域生态补偿机制的推进仍然存在很大阻力，跨省（市）上下游在水环境质量、治理责任等方面争议较大的断面，仍未形成最终的补偿协议。例如江苏、上海跨界国控断面汾湖大桥、浏河断面以及贵州、重庆跨界断面万木断面 2017 年水质未达到考核目标要求，河南、湖北跨界国控断面埠口断面 2018 年水质未达到考核目标要求，也都未建立生态补偿机制（巨文慧等，2020）[162]。从上看出，跨省（市）流域生态补偿试点第一轮协议都是在中央相关部门的推动下完成签订的，具有很强的政治性（巨文慧等，2020）[162]。中央部门在上下游省份沟通的过程中起到润滑剂和仲裁者的作用，后续协议则由上下游省份沟通协商决定，中央补偿资金相关内容不再列入新协议中，随着对部分断面水质要求的提高，对上游地区提出了更高的水环境的治理要求，可能的资金投入更大，对上游本就捉襟见肘的地方财政资金压力较大。根本原因在于没有专门的法律法规对横向生态保护与受益主体的权责做出界定，导致上下游省份在补偿标准、补偿方式上存在分歧，难以达成一致。

4. 合作供给的财税政策不完善

生态环境财税政策包括环境税和排污费，是政府为实现生态保护目标的典型的惩罚型财税，二者都属于的环境规制手段，实质上是对企业的环境有害活动进行定价，环境税的征收使得污染企业的环境负外部成本内部化，增加其生产成本，促使企业为少缴或不缴相应的环境税收而引入新型技术，进而向绿色生产模式转变。排污费的作用机理与环境税类似。但相比于税收而言，排污费的征管程序不够规范，征收效率与使用效率较低，对企业的影响力度总体偏弱（欧阳洁等，2020）[163]。

我国现行税制在某些税种中直接或间接地含有环保性质的税收优惠政策，但在税制设计中，对“税目、税基和税率的选择大多没有从环境保护角度来考虑，尚不存在纯粹法律意义上的环境税”（秦凤翔等，2014）[164]，且征税范围偏窄，目前仅限于矿产资源和盐，对水资源开征资源税还在试点阶段，对其他资源，如森林、草场、滩涂等许多自然资源占用还未纳入征收范围；税权集中，多数矿产品的税率由中央统一确定，地方政府不能根据本地实际制定并完善相关政策，对调动地方政府生态公共产品供给积极性不利。

在排污收费政策设计上内容不够完善，我国《排污费征收使用管理条例》对于缴费主体、缴费范围、公众参与、法律责任等方面的内容规定得还不够具体。在排污费征收上现行排污费征收标准过低，小于企业治污成本开支，对企业约束力度不强，不利于外部成本内部化，且存在随意性大、程序不规范、资金使用效率低等问题。

（二）合作供给的财政政策完善措施

在思路上必须理顺政府与市场的关系、中央与地方关系、发展与保护的关系，充分发挥财税政策激励约束机制的作用。

1. 合理界定中央与地方的事权和支出责任

应按照政府间财税关系的“外部性、信息处理的复杂性、激励相容”原则，妥善处理各级政府在生态保护中的支出责任，形成“中央财政投入为主、省（市）级配套为辅、县（乡）视财力承担”的生态环境保护财政制度（秦凤翔等，2014）[164]。严格按照《生态环境领域中央与地方财政事权和支出责任划分改革方案》（国办发〔2020〕13 号）文件精神，建立权责清晰、财力协调、区域均衡的中央和地方财政关系。根据生态公共产品溢出效应的范围确定生态公共产品类别，确立各级政府事权与支出责任。

对于事关全国性的生态环境保护与修复，其受益范围涵盖全国，如重要大江大河、国家重要生态功能区、生态保护区等关系国家生态安全的流域和地区，属于全国性生态公共产品，其事权应该划归中央，由中央财政承担支出责任。

对于受益范围跨区域覆盖的区域公共产品，由中央和地方共同承担责任，经费由中央和地方按比例支出，但生态环境区域所在省市级政府要承担主要支出责任。由于区域性生态环境改善不仅对本区域，而且对其他区域乃至全国也产生正向溢出效应，中央财政和地方财政也应给予支持。因此，完善政府间转移支付制度，应将现有的中央—地方的单一纵向转移支付模式改为纵向横向相结合的，以纵向为主，横向为辅的体系，充分发挥中央与地方两个积极性，改变过去转移支付渠道单一，资金不足的状况。同时中央在确定各省市生态转移支付基数和规模时，应根据轻重缓急区别对待，对不同生态保护区也需要实施有差别的财政激励政策。通过政策引导和规范社会资本对生态保护的投入，补充政府投入不足。

对于受益范围覆盖某一地方的地方性生态公共产品，由地方政府组织承担生态环境保护与修复责任，并原则上由地方承担支出责任，但由于中央与地方存在委托代理关系，一些生态脆弱地区也是经济欠发达地区中央应给予政策资金支持，通过设立生态转移支付专项补助资金的方式，加大专项补助资金的补助范围和数额，缓解地方财政压力。

2. 完善流域生态补偿制度

关于流域生态补偿，国际上一般采用政府间纵向转移支付和横向转移支付相结合的方式实施。纵向转移支付资金来源主要包括国家财政投入和地方政府财政配套，以及跨行政区的流域水环境保护专项资金，在补偿方式上注重将“输血”与“造血”有机结合，实施多样化生态补偿。横向转移支付就是流域上下游之间政府根据“谁受益，谁补偿”原则，由流域下游受益地区对流域上游保护地区给予的财政转移支付，并建立指标体系，通过一套复杂的计算来确定转移支付的数额。除了政府间财政转移支付外，还采用市场化补偿方式进行补偿。例如德国易北河流域治理，在易北河流域整治过程中，德国多方筹集资金和经费，通过财政贷款、研究津贴、排污费、下游对上游经济补偿方式，有效改善了易北河水质（朱桂香，2008）[165]。美国生态补偿实践的典型案例是纽约市与上游 Catskills 流域之间的清洁供水交易，通过新建饮用水净化设施与帮助上游地区改善流域土地利用方式的成本对比，纽约市最终决定购买上游 Catskills 生态环境服务（史丹等，2014）[166]。

借鉴国外经验，在长江经济带生态补偿中应采取如下举措：

（1）提高中央财政事权比重，加大支出责任占比。持续强化中央在生态环境保护领域转移支付力度，设立国家、长江沿线各省市、受益企业（能源、用水）共同出资建立补偿基金。推动资金在省级层面的统筹整合，将分散在林业、环保、水利、住建、经信、国土等不同部门的生态保护类专项资金整合起来，由省级政府统筹使用（李忠，2020）[167]。

（2）将生态补偿资金与水环境质量挂钩。补偿资金按水质标准进行分配，以流入水质为参照评价基础，实行流出水质分档补助；年度水流量标准以实际流出总量为依据进行补助。这样按照各省份水质综合指数现状和改善程度分别奖励水环境质量现状补偿资金和同比改善程度补偿资金（巨文慧等，2020）[162]。

（3）建立健全长江经济带全流域生态补偿长效机制。研究签订流域长期生态补偿协议，根据流域水质改善情况和实际需求定期调整补偿目标，尽可能地减少补偿协议谈判与交易成本，在新安江流域生态补偿成功基础上谋求全流域支流的生态补偿探索与实践。如赤水河、嘉陵江、沱江流域等流域合作共建共享，建立健全三江源等生态环境脆弱地区生态补偿机制。

（4）积极探索市场化、多元化补偿方式。当前长江经济带流域上下游生态补偿方式仍以财政资金补偿为主，市场化、多元化补偿方式的探索不足，上下游难以建立合作共赢的市场化补偿方式。随着部分流域中央财政的退出，市场化、多元化补偿方式必然成为重点，鼓励开展横向碳汇交易、排污权交易、水权交易及生态公共产品服务交易。如在赤水河流域所进行的流域内排污权交易机制探索与实践，打破现有行政边界和排污权交易规则限制，依靠经济杠杆将生态环境保护带来的收益在流域内合理分配。借鉴南水北调中线丹江口库区对口协作案例，积极探索除资金补助外的对口协作、产业转移、人才培训等新型补偿方式。

（5）建立赏罚分明的激励约束机制。将财政转移支付资金与地方政府生态治理效果直接挂钩，对生态环境保护与治理绩效明显提升地区，政府可以在财政资金奖励、基础设施建设、民生改善等方面予以倾斜；对生态任务完成不好的地区在财政资金分配及其他方面要采取适当的惩戒措施。同时建立生态补偿资金绩效考核机制，将考核结果作为财政转移支付资金分配的重要依据（李忠，2020）[167]。

3. 完善生态税收制度

利用各种税收手段的调节作用，一方面激励企业和民间主体增加生态公共产品供给，约束其损害生态环境的行为；另一方面建立生态公共产品供给的多元筹资模式。

（1）完善现行资源税政策。首先扩大资源税的征税范围。对森林资源、草场、湿地、滩涂、土壤资源以及水资源等不可再生资源征收资源税，以减少企业对这些资源的过度开采利用。其次适当提高资源税的税率。我国现行的资源税税率过低，应根据当前我国市场价格和居民收入状况适当提高部分资源的税率。最后对税率、计税依据确定权逐步下放。在资源税税率、计税依据确立上可下放权利由地方政府因地制宜、因时制宜制定，确保资源税真正能够起到保护环境资源的效果。

（2）完善消费税政策。扩大消费税征税范围，提高税率，将一些容易对生态环境带来污染的消费品，如尾气排放量大的小汽车、塑料袋、废旧电池、香烟等征收消费税，促进生产者和消费者绿色生产、绿色消费。

(3) 完善排污收费政策。首先逐步扩大排污费收费范围，将各种污染源纳入收费范围，如生活垃圾、企业废料等。根据污染因素的不同，将排污费用分为排污收费和超标收费两个种类。其次进一步提高排污收费标准，以激励企业加大对污染控制投资，降低污染物排放量。最后加强对各级各类企业、事业等生产、经营、管理和科研单位排污费用的审查和管理工作，按照规定执行、征收排污费用全部计入财政预算当中，以重点用于重点污染区域、流域地区生态治理，新兴技术以及国家给予的其他污染治理方面的资金补助和贴息（田金莹和崔冠文，2017）[168]。

四、合作供给的绿色金融政策措施

绿色金融政策是保障市场主体企业投资于生态环保领域的重要政策手段。生态公共产品多元合作供给体制，政府是主导，市场是主体，生态环保公益组织是补充。发挥企业主体作用，离不开绿色金融支持政策。

（一）我国绿色金融政策的实施

绿色金融又称“环境金融（Environmental Finance）”或“可持续融资(Sustainable Financing)”，一般是指金融部门在投融资活动中注重对生态环境的保护和环境污染的治理，并通过对社会资源的引导促进经济的可持续发展与生态的协调发展（周中明，2017）[169]。目前国内关于绿色金融政策有不同的理解，陈凯（2017）[170]认为“绿色金融政策是指政府部门对于金融机构、企业制定的有关融资条件、融资流程以及激励举措的一系列制度安排”，张红（2010）[171]则认为“绿色金融政策是一种市场激励机制，它包含绿色信贷、绿色证券、绿色保险等制度”。国家政策文件将绿色金融政策界定为绿色信贷、绿色债券、绿色股票指数和相关产品、绿色发展基金、绿色保险、碳金融等。

本研究认为绿色金融政策是政府制定用于激励与引导金融机构与各类企

业行为实现绿色发展目标的政策统称。其中，政策制定主体为中国人民银行、财政部、国家发改委等国家相关部门；政策作用对象为金融企业、工商企业；政策工具为绿色信贷、绿色债券、绿色基金、绿色保险、碳金融等等。

绿色金融政策通过支持绿色项目、引导企业使用环保技术等促进环境的改善，其内在机理是通过融资成本与融资便利性的差异化设计，运用投资与收益率比较，激励与引导企业将外部成本内部化，即将企业的污染成本纳入成本函数增加污染企业生产总成本，导致企业成本收益率发生变化，带来利润率升降变化，促使企业技术改造和设备更新，或投资于新型绿色环保产业，使企业脱离污染产业与污染项目，从而实现资源的优化配置，提升区域环境质量（马骏，2016）[172]。为此，党的十九大报告把“发展绿色金融”作为推进绿色发展的路径，把绿色金融体系建设上升到国家战略高度。

我国绿色金融政策要追溯到1995年中国人民银行出台的《关于贯彻信贷政策与加强环境保护工作有关问题的通知》，此后国家发改委、环保部（现生态环境部）和“一行三会”又密集出台相关政策性文件22个，逐步形成了包括绿色信贷、绿色债券、环境污染责任险、金融改革创新在内的较为完整的绿色金融政策体系。特别是2017年国家发改委、财政部、环保部和“一行三会”出台的《建设绿色金融改革创新试验区总体方案》，决定建立绿色金融改革创新试验区，率先在浙江、江西、广东、贵州和新疆推行，它标志着绿色金融体系已经从顶层设计步入具体落实阶段（林远和张莫，2017）[173]。

国内学术界一般把中国绿色金融政策发展大致分为三个阶段：绿色金融政策的萌芽期、发展期、成熟期（魏丽莉和杨颖，2020）[174]；陈凯（2017）[170]将绿色金融政策划分为初建阶段、快速发展阶段、差异化发展阶段三个阶段。各地方政府根据本地绿色金融发展实际出台的绿色金融政策有效衔接了中央的相关政策，实现了绿色金融政策工具的创新，有力推动了各地区的绿色发展。

（二）我国绿色金融政策存在的问题

我国绿色金融整体上还处于成长发展阶段，其规模量过小不能满足企业需求。根据国际经验，绿色投资在GDP的占比高于3%，生态环境才会得到改善。我国目前占比不足1.5%，尽管近年来绿色金融的规模在逐年增加，但与国际水平相比仍然存在差距，截至2017年末，全国21家主要银行绿色信贷余额在各项贷款总余额中占比不足10%，绿色股权融资余额在整个A股市场融资总余额中占比不足13%（张伟，2018）[175]，主要原因是绿色金融政策在引导金融机构支持绿色产业、绿色项目等方面存在一些亟待解决的问题。

1. 政策体系缺乏法律保障

我国绿色金融政策多以指导意见为主，缺少明确的法律责任规定、具体实施标准，因而普适性和强制力不足（陈凯，2017）[170]。表现在对绿色认证标准、绿色金融激励手段、绿色金融风险防范规则等，没有系统的法律制度予以保障，政府应尽快出台完整的法律法规体系规范各方权责（娄靖，2019）[176]，完善绿色认证、绿色金融激励和绿色金融风险防范的制度体系。

2. 地方政府动力不足

我国绿色金融政策从决策到实施，采取自上而下的方式推动，地方积极性不高，动力不足。比较而言，经济发达地区发展绿色金融的积极性高一些，如长三角地区得益于金融业集聚效应，绿色金融工具丰富，绿色金融发展较好，对绿色产业支撑作用明显。长江经济带中上游地区，绿色金融发展不足，对绿色金融理念、思路、政策举措、实施路径等方面还存在较大差距。主要原因在于以GDP论英雄的政绩考核体系并没有根本改变，尽管政府的绩效考核加入了环保指标，但所占比重不高，还难以改变目前单纯追求经济增长目标的局面。各商业银行等金融机构运用绿色证券、绿色保险、碳金融等金融工具开展绿色金融业务不多，绿色信贷统计和执行流程不健全，缺乏评估环境成本与效益的方法和工具（潘锡泉，2017）[177]。

3. 绿色金融政策效果评估不完善

我国绿色金融政策起步晚，政策设计与实施还处于初期阶段，规范化和体系化、配套性还不强，表现在中央出台的各项绿色金融政策出自多个部门，相互间交叉重复较多，在绿色信贷、绿色债券、碳金融、非金融企业绿色债务融资工具等绿色项目不尽相同，各地出台的绿色项目目录也是五花八门，一些并非绿色产业项目的也纳入绿色金融政策支持的产业目录中，导致中央、地方各项政策间协调度差，难以形成政策合力，政策效果较差。因此，加强对政策效果的评估对于完善绿色金融政策体系十分重要。但我国目前还没有构建起包括评估主体、评估指标、评估方法及评估结果运用的政策评估体系，导致绿色金融政策实施出现相互抵消情况，影响了政策目标的实现。

4. 绿色金融政策激励约束机制不够健全

绿色金融政策支持的对象都是我国新型环保产业，这些产业有一个共同的特点就是投资大、周期长、见效慢、收益低，且具有较大风险，如光电、风能等新能源产业以及节能环保的高科技产业等，需要各级政府提供相应的政策引导与政策激励，金融机构和企业都面临着投资动力不足的问题。目前我国绿色产业主要靠政府贴息、补贴等政策来提高绿色产业经济价值，支持力度小，而且由于申请贴息手续较为复杂，绿色金融不能惠及中小型企业，对金融机构、企业未形成有效的激励，未能实现财政支出撬动市场投资的作用，由于缺乏约束机制部分银行金融机构在执行绿色金融政策时更多的是从自己的商业利益考虑，对一些界限不清，短期内难以暴露问题的企业和项目仍然给予金融支持（文秋霞等，2018）[178]。

（三）发展绿色金融政策建议

从企业供给视角看，绿色金融可以通过金融化手段促使企业投资于生态环保产业，带动绿色发展，或促使高能耗、高污染企业淘汰落后产能，减轻企业生产带来的环境问题，将环境负外部性内部化，最后实现生态公共产品供给规模和水平的提升。西方发达国家如英国、美国、德国对绿色金融促进生态环境保护的实践探索较早，形成了系统化的绿色金融政策体系和建设、管理、监督等完善的流程环节，并形成了在立法、市场创新和产品多元化等方面的支持体系。因此，我国应充分借鉴发达国家经验，推动长江经济带绿色金融发展。

1. 完善绿色金融法律法规体系

完善立法层级，从国家层面主导立法。长江经济带地方政府应以国家立法为指导，结合本地实际，制定地方性法规、条例，推动本地区绿色金融政策完善；在立法内容上涵盖绿色金融工具、行业监管等各个方面，明确金融机构和监管部门等相关主体的权责义务；推进绿色认证、绿色金融激励、绿色金融风险防范等制度建设；加强绿色金融标准化体系建设，构建包括国家、行业、地方、团体标准在内的标准体系及信息披露标准体系（陈凯，2017）[170]；加强绿色金融政策与宏观财税、货币、信贷、产业等政策协调与联动，发挥政策合力。

2. 提升地方发展绿色金融的动力

在国家进行的“五省试点”推动下，地方经济必将从绿色金融发展中受益，对长江经济带各省市绿色金融布局必将起到带动作用，地方政府与地方金融机构必然会根据自身经济发展水平和生态环境状况确立政策工具和政策目标，构建差异化的绿色金融政策。为此，一是将生态环境质量提升指标作为硬性约束指标纳入地方政府经济社会发展规划中，包括大气质量、水环境质量、土壤质量、单位 GDP 能耗、水量消耗、碳排放总量等指标的改善状况作为考核政府的重要依据（马骏，2016）[172]，并通过生态转移支付、生态专项补助等多种形式予以配套支持。二是地方政府通过政策鼓励地方金融机构因地制宜进行绿色金融产品和服务的设计与开发，支持与大型金融机构合作与交流，提升绿色金融产品创新和风险管理的能力，推动绿色金融结合当地实际情况开展创新性的运用。三是地方政府应逐步完善对企业的绿色金融外部激励机制，建立健全财政、金融激励政策，配合国家财政专项资金支持，通过税收优惠、专项奖励、绿色信贷效益补偿、财政补贴、投资风险补偿基金的手段支持绿色企业发展壮大。四是搭建绿色金融政策沟通平台，通过成立地方绿色金融专业委员会，构建政府、金融机构、企业协商沟通平台。目前上海、浙江已走在前面，其他地区可以成立类似组织，以推动多元主体更好地协商沟通，提高政策实施效果。

3. 强化绿色金融政策效果评估

绿色金融政策实施目标是提高绿色项目回报率，降低企业对生态环境的负外部效应，实现经济高质量发展目标。因此，对各项政策实施的效果进行评价是完善政策措施的重要手段。一是应构建由政府、企业和金融机构及第三方评估机构等多元评估主体构成的评估组织；二是构建差异化的评估指标体系，针对每项政策制定、实施过程、效果进行评估，全面判断政策实施所达到目标程度，辨识政策效果。为此，健全绿色金融统计制度，利用互联网大数据平台，开展对水质、空气、土壤、固体废物处理等相关环境指标数据统计，为绿色金融政策评估、相关机构业务评价提供数据支持；同时完善绿色信贷数据和授信企业相关数据统计，以及绿色基金、信贷、债券、股票、保险等信息统计和数据公开流程（马骏，2016）[172]。

4. 健全绿色金融的激励约束机制

通过多种政策工具（财政资金、绿色再贷款、担保、贴息）的配合作用引导金融机构特别是地方金融机构积极参与绿色金融业务，通过绿色金融产品开发创新，为中小企业提供绿色担保基金、绿色债券、绿色保险或其他风险补偿基金等绿色金融产品，以有效降低中小绿色项目的融资成本并提高融资的便利程度（马骏，2016）[172]。地方政府可通过设立绿色发展基金利用市场化机制撬动社会资本跟进，调动更多的社会资本投入绿色产业。

五、合作供给的市场化政策措施

生态公共产品多元合作供给成功关键在于实现利益共享，取决于供给产品的价值是否实现并补偿了投入，即“成本—收益”比较。目前我国生态公共产品的价值通过以政府购买为主模式实现，以市场机制实现产品价值尚处于试验阶段，原因在于市场化政策体系不健全。

（一）我国市场化政策的实施

党的十八大以来，我国积极探索生态公共产品价值实现机制，推动生态文明建设，先后制定了生态转移支付政策、生态补偿政策和用能权、用水权、排污权、碳排放权交易政策以及绿色金融等政策。

关于用能权交易制度。2016 年 9 月，国家发展改革委印发《关于开展用能权有偿使用和交易绿色发展试点工作的函》（发改环资〔2016〕1659 号）决定在 2017 年开始在浙江省、福建省、河南省、四川省开展用能权有偿使用和交易试点，到 2020 年开展试点效果评估，视情况逐步推广。

关于水权交易制度。国家水利部先后出台了关于水权交易的相关文件，从政策上规范了水权交易规则，并于 2014 年 7 月在内蒙古、河南、甘肃、广东重点探索跨区域、跨流域、行业和用水户间等多种形式的水权交易流转模式。

关于碳排放权交易制度。2011 年 10 月，国家发改委印发《关于开展碳排放权交易试点工作的通知》（发改办气候〔2012〕2601 号），在北京、天津、上海、重庆、湖北、广东和深圳七个省市开展碳排放权交易试点工作。关于排污权交易制度，2014 年国务院发布了《关于进一步推进排污权有偿使用和交易试点工作的指导意见》，到 2017 年，试点地区排污权有偿使用和交易制度基本建立，试点工作基本完成。

上述政策实施目的是运用市场化手段让生态产品价值通过交易加以实现，从实施效果来看，受发展环境、发展阶段、监管水平等因素的限制，上述交易还未达到预期效果。

（二）市场化政策的主要问题

1. 自然资源的产权问题

我国自然资源的所有权属于国家、集体所有，但国家、集体所有权虚置问题以及国家、集体产权划分不清晰问题依然存在，所有权主体代表不到位、所有权权益得不到落实，造成企业、个人任意使用自然资源而无须付费，导致生态公共产品的供给主体的权益得不到保护，从而使各种自然资源产权主体权责利无法实现统一，大大降低了市场主体主动提供生态公共产品的积极性。

2. 生态公共产品的价值核算问题

生态公共产品的生产依赖自然生态系统，依赖于自然生产与人类生产的结合，由于自然生态系统的构成要素，包括气候、水源、土壤、矿产、森林等物质要素具有很强的外部属性，边界模糊，其价值难以用确切的标准加以确立和计量（夏鹏等，2020）[179]。目前我国在生态公共产品价值核算方面虽然有一定探索，在理论上也形成了市场价值法、条件价值法等计量方法，但在实践中仍然还缺乏科学性的估值，常用替代市场来决定其价值，其价格不能充分反映生态系统溢出效应所带来的外溢价值，基本上是把生态系统中的某一资源当作单一元素加以考虑，未将资源所在的“山水林田湖草”生命共同体作为一个统一整体测算价值并进行综合定价（李宏伟，2020）[180]。

3. 生态保护补偿问题

目前，我国生态补偿方式仍以自上而下的纵向生态保护补偿为主，由于国家财政压力，补偿标准偏低、补偿范围较窄、占补不平衡、资金到位不及时等问题均存在，跨区域横向生态保护补偿，在补偿依据、标准及方式等方面尚未达成共识，对于“谁补谁”“补什么”“补多少”“怎样补”等问题上还十分模糊，特别是许多上游地区面临着经济发展与环境保护的双重压力，由于补偿不到位，或是经济开发的利益大于环境保护补偿资金时，特别是上级政府政策错位可能形成损害环境的经济激励时，地方政府往往存在逆向选择，出现道德风险，加剧了对环境的破坏。

4. 公私合作问题

公私合作关系即政府和社会资本合作（PPP），本质是通过合作的契约关系确保公私合作供给方的平等参与，确保供给决策的公开、透明，实现供给主体多元，供给方式多样、提高供需匹配度，保障生态公共产品的供给效率和质量（秦颖等，2018）[181]。但是，这种契约关系在实际运行中却存在诸如 PPP 立法滞后、合作行为不力、管理效率低下等现实问题。由于政府和私人部门在地位上的不平等和利益取向上的差异，由于信息不对称，使得生态PPP项目面临逆向选择和道德风险（丘水林和靳乐山，2019）[182]。如个别地方政府在招标时甚至不惜通过虚增消费需求量、隐匿项目风险等虚假行为来吸引私人部门参与生态公共产品PPP项目，而私人部门以最大化收益为首要目标，在竞争公共产品运营权的过程中运用非市场手段，采用过度竞争或非理性叫价，而PPP以寻价来选择经营企业，价格低者入围的选择方式造成实际中标企业隐瞒自身项目的真实运营成本，导致利润驱使下依靠建设偷工减料和提供低质量的产品获得存活空间，带来环境公共福利受损（秦颖等，2018）[181]。

（三）合作供给的市场化政策措施

合作供给的市场化政策目标是通过政策措施，构建生态公共产品价值的市场化实现机制，为多元合作供给提供市场化补偿。

1. 完善自然资源产权制度

首先，界定自然资源产权关系。对我国国土范围内的自然资源资产进行确权、登记和颁证工作，明确各类自然资源产权主体权利，清晰界定权能体系中各项权利的内涵及持权人的权责边界，从法律和自然资源资产产权体系上明确生态公共产品归属。其次，探索自然资源产权实现形式。我国自然资源产权分属于国家和集体，其产权关系包括了所有权在内的一束权利，探索自然资源产权实现形式就是推进所有权和使用权的分离，解决产权主体虚置的问题，适度扩大使用权的出让、转让、出租、担保、入股等权能（夏鹏等，2020）[179]。最后，建立自然资源产权交易规则。按照不同自然资源种类、产权界线清晰程度及其在生态、经济等方面的重要程度，分级分类建立中央与地方政府之间、国家所有和集体所有之间权利清单，明晰占有、使用、收益、处分等权力边界，建立自然资源产权交易规则，进一步完善产权管理委托代理制度。

2. 完善生态公共产品的价值核算制度

一是建立生态公共产品价值核算体系。近年来，国内学术理论界对生态公共产品价值核算做了大量的研究工作，形成了 GEP 核算、绿色 GDP 核算、生态元核算 3 种代表性的核算方法（李佐军和黄俊勇，2020）[183]，针对不同类型的生态公共产品，配套使用不同的价值核算方法，从而逐步形成科学合理的生态公共产品价值核算体系，为生态公共产品价值实现提供核算理论和方法支撑。二是扩大生态公共产品价值实现的范围。随着我国生态资源与生态公共产品产权中各级政府权责边界的逐步明晰，要扩大生态公共产品价值的实现范围，既包括中央政府负责全国性生态公共产品的价值实现，也包括地方政府负责区域或流域性生态公共产品的价值实现，以及村集体组织负责社区性生态公共产品的价值实现，并推动生态保护补偿由流域、森林、草原、湿地等单领域补偿向重点生态功能区、国家公园、自然保护区、生态保护红线等综合补偿（丘水林和靳乐山，2019）[182]。三是探索生态公共产品价值市场化实现的重点领域。通过在取水权、排污权、森林碳汇等重点领域的探索实践，寻找生态公共产品价值市场化实现途径，目前我国在这三个领域的试点取得了一定成效，但大多处于起步阶段，政府在交易中唱独角戏，企业和社会公众参与程度不高，因此，要建立完善水权、排污权、森林碳汇、用能权等现有生态公共产品交易市场的统一监管，明确交易范围和交易方式，完善交易监管体系。

3. 完善生态保护补偿的市场化机制

生态保护补偿除政府经济补偿和农户、社区以及社会组织（NGO）志愿补偿外，还有通过市场化机制实现生态公共产品价值，从而达到生态保护补偿的目标。市场化生态补偿机制运行关键在于构建一个能够连接利益相关者的市场，使补偿的主体之间进行直接联系，双方在明确生态服务市场价格的基础上，实现市场交易和生态补偿。生态补偿的市场化运作需要积极发挥市场机制的作用，建立生态服务交易市场，探究生态系统服务资源产权的市场化过程（刘薇，2014）[184]。就流域生态补偿而言探索建立可量化可计算的上下游生态保护补偿办法、方式和标准，并从立法上加以确立；健全生态补偿的市场化手段，推动跨区域水权、排污权、碳排放权交易市场发展；加强政府对生态补偿市场化建设与监管力度，推动政府排污收费制度、生态税收制度、环保投融资制度、市场交易制度和市场监管制度建设。

4. 完善以市场为导向的政府和社会资本合作（PPP）模式

PPP 模式的推广，旨在引入社会资本弥补公共财政预算资金不足，激发社会资本活力进而提高生态公共产品或服务供给质量与效率，具有较强的适应性与有效性。自 2011 年以来，国家在基础设施和公用事业领域大力推行以市场为导向的 PPP 模式，成为政府与社会资本合作供给的重要途径。今后在完善举措上，一是完善生态公共产品 PPP 法律政策，创建公平竞争的市场环境；二是完善生态公共产品 PPP 项目定价机制和风险分担机制；三是加强对生态公共产品 PPP 项目的监督与管理，规范 PPP 项目运作流程；四是提高民营资本参与度，通过资本金注入、投资补助、贷款贴息、担保补贴等方式设立生态公共产品项目投资基金，支持民营资本参与 PPP 项目。

六、合作供给的信息化政策措施

随着互联网、大数据、人工智能、区块链等信息化技术的快速发展，为长江经济带生态公共产品多元合作供给和生态环境合作治理的信息化建设提供了重要契机，通过信息化手段实现信息汇集与共享，为生态供给决策与管理提供科学依据，有利于带动流域生态环境治理的转型和效率的提升。

（一）长江经济带生态环境信息化建设问题

1. 生态环境信息共享平台建设滞后

长江流域内分布有大量的生态敏感区，是我国自然资源和生物多样性最为丰富的区域，具有最为丰富的自然生态基础信息资料，包括自然景观资源、动植物资源、矿产资源、水文地质资源和珍稀濒危物种栖息地等基础信息，它们是流域水利信息化、水资源管理信息化和环保信息化的重要基础数据，对流域规划、管理、决策、科技创新水平及工作效率具有重要支撑作用

（雷明军等，2012）[185]。但是，目前缺乏长江流域生态敏感区生态环境信息一体化共享平台，在生态治理上各级政府及部门通过多种形式的转移支付方式实现了资金投入和政策支持，其资金使用监管、绩效评价、生态环境改善状况等信息数据缺失或分散于各级政府部门手中，缺乏信息的统筹管理，导致基础信息共享水平低，不利于政府从宏观上全面掌握生态政策的实施效果。

2. 管理体制不顺，碎片化现象严重

目前长江流域生态环境信息存在多头管理问题，基础信息分散在政府各级部门手中，缺乏统一管理和专项资金投入，政府间、部门间的信息分割现象较为严重。如在长江流域环境监测网络管理上，水利部长江水利委员会和国家环保部门同时在长江干流的多个断面开展大量水质监测，每月发布长江流域水资源质量公报，但监测数据因部门分割未能实现共享，有关重要江河湖泊水体纳污能力及限排意见建议未能得到政府及相关部门重视和有效应用（朱琦等，2018）[186]。主要原因还在于信息基础设施建设各自为政，缺乏有效整合，存在“信息孤岛”现象。

3. 大数据技术在信息平台中应用不足

生态环境大数据技术不仅在水资源管控、大气污染治理、土壤环境、森林植被、生物多样性保护等领域，而且在企业排污权许可、碳汇交易、水权交易和管理上都具有广泛的应用前景。但是，由于生态环境基础信息缺乏统一规范的共享标准，导致环境基础信息数据处理标准、格式、存储媒介、比例尺、精度、时效性和质量等差异较大，特别是区域间和部门间差异较大，导致生态环境现状数据难以推广、移植、共享，重复工作量大，不利于大数据技术的应用推广（曹越，2020）[187]。

（二）生态环境信息化政策措施

1. 建立健全信息化管理体制

生态环境信息化管理体制是指在一定区域内对信息化活动进行管理的管

理机构设置、管理权限配置及保证信息化管理顺利进行而建立的一切规章制度的总和。针对当前长江经济带生态环境信息基础设施建设中存在的问题，应尽快制定《长江经济带生态环境信息一体化建设的实施意见》，成立长江经济带生态环境信息建设领导小组，作为生态环境信息化决策机构，承担解决、协调区域信息化建设中的重大问题，制定信息化战略，设计信息化制度，整合政府间、企业间生态信息资源，督促检查工作区域生态环境信息化管理体制创新。其核心职能是加强流域生态环境信息化的宏观管理，搞好生态环境信息化的微观指导，抓好信息化的服务对接，建设长江经济带生态环境信息化共享平台。

2. 建设长江流域生态环境信息监测网络

对长江流域生态环境系统各组成部分的有效监测和评估是系统揭示长江流域生态环境复杂性及演变规律的必要条件，也是污染治理和生态环境保护及修复的必要基础。世界上一些发达国家和地区已建立了较完备的水环境、气象环境、土壤环境等分类监测体系。美国环境保护署（EPA）主导构建了环境监测体系和数据库管理系统，欧盟则基于水框架指令（WFD）以流域综合管理为核心建立了较为系统的水环境监测管理体系。反观我国目前还缺乏标准完善的长效生态环境监测体系，因此，应围绕长江流域“山水林田湖草”整体生态环境，构建涉及水生态、气象、能源、森林、土壤、湿地、农业等众多领域的系统化、综合性的生态环境监测平台和网络化、数字化信息平台，实现实时监测、传输、分析和预警。

3. 建设长江流域生态环境大数据平台

长江流域环境大数据平台建设，对多元合作供给的形成具有重要支撑作用。一是制定平台建设技术标准，为流域生态环境大数据统一储存、分析以及预测提供方便，从而实现不同数据库资源共享，提高信息资源利益效率。二是完善长江流域生态环境监测体系，提高监测系统精度，提高生态环境预警水平。三是建立环境保护意见建议平台，开放大数据平台作为民众的环保发声通道，畅通政府与社会各界沟通渠道，收集与回应有关生态治理合理化意见建议，宣传政府生态环保政策，提高社会公众环保意识。

通过生态环境大数据平台建设，推动政府、环保部门、企业和民间公益环保组织数据共享，实现生态环境保护多元主体间的信息交流和沟通，打破“信息孤岛”和“数据烟囱”，有利于构建政府间、政府与社会间的持久信任合作关系。

参考文献

[1] 张慧，高吉喜，乔亚军. 长江经济带生态环境形势和问题及建议[J]. 环境与可持续发展，2019，44（05）：28－32.

[2] 朱琦，周军，宋旭娜. 以信息化手段助推长江经济带环境管理精准化的思考[J]. 环境保护，2018，46（05）：47－50.

[3] 郭琳. 长江流域水环境保护组织发展路线和生态布局研究报告[R]. 2018，3：6－8.

[4] 郜志云，姚瑞华，续衍雪，王东. 长江经济带生态环境保护修复的总体思考与谋划[J]. 环境保护，2018，46（09）：13－17.

[5] 洪亚雄. 长江经济带生态环境保护总体思路和战略框架[J]. 环境保护，2017，45（15）：12－16.

[6] 成金华，王然. 基于共抓大保护视角的长江经济带矿业城市水生态环境质量评价研究[J]. 中国地质大学学报（社会科学版），2018，18（04）：1－11.

[7] Daily G C. Nature's services: societal dependence on natural ecosystems [M]. Washington: Island Press, 1997.

[8] Costanza R, D'Arge R, De Groot R, et al. The value of the world's ecosystem services and natural capital [J]. Ecological Economics, 1998, 25 (1): 3－15.

[9] MA (Millennium Ecosystem Assessment). Ecosystems and human well－being: Synthesis [M]. Washington, DC: Island Press/World Resources Institute, 2005.

[10] Sukhdew P, Wittmer H, Schroter－Schlaack C, et al. The economics of ecosystems and biodiversity: mainstreaming the economics of nature: a synthesis

of the approach, conclusions and recommendations of TEEB [M]. Malta: Progress Press, 2010.

[11] 任耀武，袁国宝. 初论“生态产品” [J]. 生态学杂志，1992(06): 50-52.

[12] 苏多杰. 关于西部为全国提供生态公共产品的思考 [J]. 青海社会科学，2001 (05): 48-53.

[13] 杨筠. 生态公共产品价格构成及其实现机制 [J]. 经济体制改革，2005 (03): 124-127.

[14] 本报评论员. 良好生态环境是最普惠的民生福祉 [N]. 光明日报，2014-11-07 (001).

[15] 夏光. 增强生态产品生产能力意义何在? [N]. 中国环境报，2012-11-30 (002).

[16] 孙庆刚，郭菊娥，安尼瓦尔·阿木提. 生态产品供求机理一般性分析——兼论生态涵养区“富绿”同步的路径 [J]. 中国人口·资源与环境，2015, 25 (03): 19-25.

[17] 王爱民. 生态环境产品的政府双重垄断分析 [J]. 社会科学，2005 (08): 5-9.

[18] 朱久兴. 关于生态产品有关问题的几点思考 [J]. 浙江经济，2008 (14): 40-41.

[19] 陈辞. 生态产品的供给机制与制度创新研究 [J]. 生态经济，2014, 30 (08): 76-79.

[20] 马涛. 依靠市场机制推动生态产品生产 [N]. 中国证券报，2012-11-28 (A04).

[21] 黄如良. 生态产品价值评估问题探讨 [J]. 中国人口·资源与环境，2015, 25 (03): 26-33.

[22] 刘尧飞，沈杰. 新时代生态产品的内涵、特征与价值 [J]. 天中学刊，2019, 34 (01): 77-80.

[23] 樊继达. 城镇化进程中的生态型公共产品供给研究 [J]. 经济研究参考，2013 (01): 20-25.

[24] 萨缪尔森. 经济学 [M]. 北京：商务印书馆，2012.

[25] 吴俊培. PUBLIC GOODS 的译名应是公共商品——兼论公共商品概念的理论意义 [J]. 财政研究, 1994 (05): 58 -60, 34.

[26] 李森. 论公共产品理论与劳动价值论的耦合及其意义 [J]. 山东财政学院学报, 2012 (01): 96 -102.

[27] 赵有信, 陈宝松. 生产无形商品的劳动也创造价值——劳动价值论新探 [J]. 河南社会科学, 2003 (01): 68 -70.

[28] 郧文聚, 桑玲玲. 我国土地利用中的环境风险管控研究 [J]. 环境保护, 2018, 46 (01): 26 -30.

[29] 黎元生. 生态产业化经营与生态产品价值实现 [J]. 中国特色社会主义研究, 2018 (04): 84 -90.

[30] 张林波, 虞慧怡, 李岱青, 贾振宇, 吴丰昌, 刘旭. 生态产品内涵与其价值实现途径 [J]. 农业机械学报, 2019, 50 (06): 173 -183.

[31] 孟奎. 经济学三大价值理论的比较 [J]. 经济纵横, 2013 (04): 14 -21.

[32] 蒋高明. 社会—经济—自然复合生态系统 [J]. 绿色中国, 2018 (12): 52 -55.

[33] MA (Millennium Ecosystem Assessment). Ecosystems and human well - being: A framework for assessment [M]. Washington, DC: Island Press, 2003.

[34] Haines - Young R, Postchin M. Common international classification of ecosystem services (CICES). V5. 1 and guidance on the application of the revised structure [M]. Nottingham: Fabis Consulting Ltd, 2018.

[35] 王斌. 生态产品价值实现的理论基础与一般途径 [J]. 太平洋学报, 2019, 27 (10): 78 -91.

[36] 黎元生, 胡熠. 建立政府向社会组织购买生态服务机制 [J]. 经济研究参考, 2015 (64): 29 -37.

[37] 张林波, 虞慧怡, 郝超志, 王昊. 国内外生态产品价值实现的实践模式与路径 [J/OL]. 环境科学研究: 1 -14 [2021 -03 -22]. https: //doi. org/10. 13198/j. issn. 1001 -6929. 2021. 01. 01.

[38] 高晓龙, 林亦晴, 徐卫华, 欧阳志云. 生态产品价值实现研究进展 [J]. 生态学报, 2020, 40 (01): 24 -33.

[39] 李亚伟. 长波理论与马克思主义经济学——评孟捷、高峰著《发达资本主义经济的长波》[J]. 政治经济学报, 2019, 16 (03): 271 -277.

[40] 孙辉, 刘淑妍. 上海社区矫正第三部门参与失灵及其矫正——基于公共物品供给的视角 [J]. 同济大学学报 (社会科学版), 2019, 30 (01): 75 -83.

[41] 张小进. 社会公益合作供给: 概念、模式与制度选择 [J]. 甘肃理论学刊, 2012 (01): 121 -127.

[42] 张小进. 社会公益合作供给中公民参与行为选择与制度设计——基于公民参与的实证分析 [J]. 国家行政学院学报, 2014 (01): 28 -33.

[43] 周黎安. 中国地方官员的晋升锦标赛模式研究 [J]. 经济研究, 2007 (07): 36 -50.

[44] 唐潜宁. 生态产品供给制度研究 [D]. 重庆: 西南政法大学, 2017.

[45] 青木. 德国: 一个家庭管一段河流 [N]. 生命时报, 2015.

[46] 丘水林. 政府购买生态服务: 欧盟国家的经验与启示 [J]. 环境保护, 2018, 46 (24): 32 -36.

[47] 陈庆云, 鄞益奋. 文化差异: 地方行政改革研究的新视角 [J]. 中国行政管理, 2008 (08): 26 -29.

[48] 洪传春, 张雅静, 刘某承. 京津冀区域生态产品供给的合作机制构建 [J]. 河北经贸大学学报, 2017, 38 (06): 95 -100.

[49] 何艳玲. 从"科层式供给"到"合作化供给"——街区公共服务供给机制的个案分析 [J]. 武汉大学学报 (哲学社会科学版), 2006 (05): 655 -660.

[50] 夏志强, 付亚南. 公共服务多元主体合作供给模式的缺陷与治理 [J]. 上海行政学院学报, 2013, 14 (04): 39 -45.

[51] 杨龙, 郑春勇. 地方政府间合作组织的权能定位 [J]. 学术界, 2011 (10): 18 -25, 257 -261.

[52] 埃莉诺. 奥斯特罗姆. 公共事务的治理之道 [M]. 余逊达, 陈旭东, 译. 上海: 上海译文出版社, 2000.

[53] 方雷. 地方政府间跨区域合作治理的行政制度供给 [J]. 理论探

讨, 2014 (01): 19 - 23.

[54] 卢文超. 区域协同发展下地方政府的有效合作意愿——以京津冀协同发展为例 [J]. 甘肃社会科学, 2018 (02): 201 - 208.

[55] 曼瑟尔·奥尔森. 集体行动的逻辑 [M]. 陈郁, 郭宇峰, 李崇新, 译. 上海: 格致出版社上海人民出版社, 2014.

[56] 宾厄姆. 美国地方政府的管理: 实践中的公共行政 [M]. 九州, 译北京: 北京大学出版社, 1997.

[57] 王明安, 董树军. 区域生态公共产品供给之地方政府合作的应然、实然及其转化——以洞庭湖生态经济区为例 [J]. 生态经济, 2019, 35 (12): 165 - 169.

[58] 张晓颖. 经济、环境、社会发展与人: 从可持续发展观到包容性绿色增长 [J]. 江淮论坛, 2014 (06): 93 - 98, 61.

[59] Albagoury S. Inclusive green growth in Africa: Ethiopia case study [J]. Mpra Paper, 2016.

[60] Olson D L. Comparison of weights in TOPSIS models [J]. Mathematical and Computer Modelling, 2004, 40 (78): 721 - 727.

[61] 王宇昕, 余兴厚, 黄玲. 长江经济带包容性绿色增长的测度与区域差异分析 [J]. 贵州财经大学学报, 2019 (03): 89 - 98.

[62] 魏敏, 李书昊. 新时代中国经济高质量发展水平的测度研究 [J]. 数量经济技术经济研究, 2018, 35 (11): 3 - 20.

[63] 熊兴, 余兴厚, 王宇昕. 我国区域基本公共服务均等化水平测度与影响因素 [J]. 西南民族大学学报 (人文社科版), 2018, 39 (03): 108 - 116.

[64] 王庆喜. 区域经济研究实用方法 [M]. 北京: 经济科学出版社, 2014.

[65] 刘亦文, 文晓茜, 胡宗义. 中国污染物排放的地区差异及收敛性研究 [J]. 数量经济技术经济研究, 2016, 33 (04): 78 - 94.

[66] 王宇昕, 余兴厚, 熊兴. 长江经济带污染物排放强度的空间差异及影响因素研究 [J]. 西部论坛, 2019, 29 (03): 104 - 114.

[67] 李蕊. 论公共服务供给中政府、市场、社会的多元协同合作 [J]. 经贸法律评论, 2019 (04): 124 - 132.

[68] 李繁荣，戎爱萍．生态产品供给的PPP模式研究［J］．经济问题，2016（12）：11－16.

[69] 赵云皓，卢静，徐志杰，谢方舟．生态环境PPP总投资达1.97万亿元［N］．中国环境报，2020－05－19（007）.

[70] 李志萌，盛方富．长江经济带区域协同治理长效机制研究［J］．浙江学刊，2020（06）：143－151.

[71] 赵子君，俞海．长江经济带生态保护补偿机制的进展与建议［J］．环境与可持续发展，2019，44（04）：35－38.

[72] 贺菊花．“长三角城市群”水环境治理的地方政府协同机制研究［D］．南京：东南大学，2018.

[73] 陈雨婕．论长三角区域生态治理中地方政府的协作［D］．苏州：苏州大学，2013.

[74] 郭红燕．环保社会组织如何参与环境治理［J］．中华环境，2017（04）：22－24.

[75] 贵阳公众环境教育中心．环保使者传播生态理念［N］．贵州日报，2015.

[76] 王华．环保组织参与环境治理的十大途径［N］．中国环境报，2016－01－19（002）.

[77] 党秀云，郭钰．跨区域生态环境合作治理：现实困境与创新路径［J］．人文杂志，2020（03）：105－111.

[78] 张萍．冲突与合作：长江经济带跨界生态环境治理的难题与对策［J］．湖北社会科学，2018（09）：61－66.

[79] 许珂，周伟．区域生态环境治理中地方政府合作的困境与突破［J］．领导科学，2020（04）：7－11.

[80] 黄怡茵．政府环保绩效与公众生态环境满意度：偏离与诠释［D］．广州：华南理工大学，2018.

[81] 刘赛君．云南省生态环境满意度估计及影响因素分析［D］．昆明：云南财经大学，2020.

[82] 刘建君，骆晓雪，李微．环境质量主观评价对生活满意度的影响——基于黑龙江省民生调研数据的实证研究［J］．调研世界，2020（05）：28－33.

[83] 陈胜东，周丙娟．生态移民政策实施农户满意度及其影响因素分析——以赣南原中央苏区为例 [J]．农林经济管理学报，2020，19 (05)：602 - 610.

[84] 余兴厚，熊兴．居民资源禀赋、主体认知与基本公共服务满意度——基于三峡库区 829 份调查问卷的实证分析 [J]．西部论坛，2018，28 (05)：99 - 108.

[85] 莫小娇．非政府组织参与民族村村社治理的现实困境与有效途径——基于龙脊古壮寨的分析 [J]．云南科技管理，2020，33 (05)：59 - 64.

[86] 底志欣．京津冀协同发展中流域生态共治研究 [D]．北京：中国社会科学院研究生院，2017.

[87] 李海生，孔维静，刘录三．借鉴国外流域治理成功经验推动长江保护修复 [J]．世界环境，2019 (01)：74 - 77.

[88] 黄燕芬，张志开，杨宜勇．协同治理视域下黄河流域生态保护和高质量发展——欧洲莱茵河流域治理的经验和启示 [J]．中州学刊，2020 (02)：18 - 25.

[89] 李瑞娟，徐欣．长江保护可借鉴密西西比河治理经验 [N]．中国环境报，2016 - 08 - 30 (003).

[90] 张万益，崔敏利，贾德龙．美国密西西比河流域治理的若干启示 [N]．中国矿业报，2018 - 07 - 03 (001).

[91] 谢世清．美国田纳西河流域开发与管理及其经验 [J]．亚太经济，2013 (02)：68 - 72.

[92] 肖文燕．20 世纪国外流域管理经验及对鄱阳湖流域管理的启示 [J]．江西财经大学学报，2010 (06)：83 - 88.

[93] 杨朝晖，褚俊英，陈宁，贺华翔．国外典型流域水资源综合管理的经验与启示 [J]．水资源保护，2016，32 (03)：33 - 37，110.

[94] 刘娟．跨行政区环境治理中地方政府合作研究 [D]．长春：吉林大学，2019.

[95] 石佑启，黄喆．论法治视野下珠三角跨界水污染的合作治理——以广佛联手整治跨界水污染为例 [J]．学术研究，2013 (12)：59 - 67.

[96] 李静．珠三角水污染防治管理体制的问题和对策——以新《水污

染防治法》为视角 [A]. 中国法学会环境资源法学研究会、河北大学. 区域环境资源综合整治和合作治理法律问题研究——2017 年全国环境资源法学研讨会(年会)论文集 [C]. 中国法学会环境资源法学研究会、河北大学：中国法学会环境资源法学研究会，2017：5.

[97] 王玉明. 大珠三角城市群环境治理中的政府合作 [J]. 南都学坛，2018，38 (04)：109 - 117.

[98] 王玉明. 粤港澳大湾区环境治理合作的回顾与展望 [J]. 哈尔滨工业大学学报（社会科学版），2018，20 (01)：117 - 126.

[99] 张巍馨. 跨行政区生态环境治理中地方政府合作动力提升研究 [D]. 长春：长春工业大学，2020.

[100] 李庆林. 区域生态治理下的政府行为研究 [D]. 武汉：湖北大学，2015.

[101] 陈军，王小林，刘志丽. 生态产品区域合作供给：逻辑、本质与机制 [J]. 湖北经济学院学报，2020，18 (05)：69 - 77.

[102] 肖芬蓉，王维平. 长江经济带生态环境治理政策差异与区域政策协同机制的构建 [J]. 重庆大学学报（社会科学版），2020，26 (04)：27 - 37.

[103] 刘征，阳艾利，高攀峰，程慧艳. 美国节能减排政策及对我国的启示 [J]. 环境保护与循环经济，2018，38 (09)：6 - 8.

[104] 黄河，张旺，庞靖鹏. 流域综合管理内涵和模式的初步分析 [J]. 水利发展研究，2010，10 (03)：1 - 7.

[105] 王立彦. 生态环境成本核算论略 [J]. 统计研究，1995 (03)：19 - 21.

[106] 张跃胜. 基于区域分工与合作的生态补偿机制设计 [J]. 河南师范大学学报（哲学社会科学版），2016，43 (03)：67 - 72.

[107] 盛明科，罗娟. 探寻公共生态产品供给与治理创新之道 [N]. 中国社会科学报，2018 - 06 - 26 (004).

[108] Burt，R S，Knez M. Kinds of third - party effects on trust [J]. Rationality and Society，1995，7 (3)：255 - 292.

[109] Mayer R C，Davis J H，Schoorman F D. An integrative model of organizational trust [J]. Academy of management review，1995 (3)：709 - 734.

[110] Robinson S L. Trust and breach of the psychological contract [J]. Administrative Science Quarterly, 1996, 41 (4): 574 - 599.

[111] Grimsey D, Lewis M K. Evaluating the risks of public private partners hips for infrastructure projects [J]. International Journal of Project Management, 2012, 20 (2): 107 - 118.

[112] Kotabe M, Martin X, Domato H. Gaining from vertical partnerships: knowledge transfer, relationship duration, and supplier performance in the U. S. and Japanese automotive industries [J]. Strategic Management Journal, 2003, 24 (4): 560 - 584.

[113] 彭雷."90后"员工体验对工作敬业度的影响关系 [D]. 成都: 电子科技大学, 2019.

[114] 颜卉, 罗佳娜, 敦帅. 分享经济信任机制的构建、传递与保障 [J]. 清华管理评论, 2019 (05): 38 - 44.

[115] 胡象明, 唐波勇. 论利益相关者合作逻辑下的公共危机治理——以汶川"5·12"地震为例 [J]. 武汉大学学报 (哲学社会科学版), 2010, 63 (02): 214 - 219.

[116] 邹宇春, 周晓春. 以制度建设提升社会信任度 [N]. 中国社会科学报, 2016 - 06 - 01 (006).

[117] 欧黎明, 朱秦. 社会协同治理: 信任关系与平台建设 [J]. 中国行政管理, 2009 (05): 118 - 121.

[118] 黄建钢, 李百齐."合作型信任"视域中的诚信政府——基于后工业社会维度的思考 [J]. 探索与争鸣, 2008 (12): 31 - 33.

[119] 谢新水. 公共理性发展: 从一元、多元到合作理性 [J]. 江苏大学学报 (社会科学版), 2010, 12 (06): 18 - 24.

[120] 叶文虎, 魏斌, 仝川. 城市生态补偿能力衡量和应用 [J]. 中国环境科学, 1998 (04): 11 - 14.

[121] 袁伟彦, 周小柯. 生态补偿问题国外研究进展综述 [J]. 中国人口·资源与环境, 2014, 24 (11): 76 - 82.

[122] Wunder S. Payments for environmental services: some nutsand bolts [R]. CIFOR Occasional Paper, 2005: 42.

[123] 毛显强，钟瑜，张胜．生态补偿的理论探讨 [J]．中国人口·资源与环境，2002 (04)：40-43.

[124] 王金南，万军，张惠远．关于我国生态补偿机制与政策的几点认识 [J]．环境保护，2006 (19)：24-28.

[125] 王金龙，马为民．关于流域生态补偿问题的研讨 [J]．水土保持学报，2002 (06)：82-83，150.

[126] 毛涛．我国环境税收制度研究 [J]．前沿，2008 (10)：142-145.

[127] 常杪，邬亮．流域生态补偿机制研究 [J]．环境保护，2005 (12)：60-62.

[128] 赵玉山，朱桂香．国外流域生态补偿的实践模式及对中国的借鉴意义 [J]．世界农业，2008 (04)：14-17.

[129] 李文华，刘某承．关于中国生态补偿机制建设的几点思考 [J]．资源科学，2010，32 (05)：791-796.

[130] 陈卫华．美国的生态税收制度 [J]．价格月刊，2003 (11)：35.

[131] 张国华，李满田，朱艳仙，马永睿，李媛．实施碳排放权交易制度，推动普洱绿色发展——普洱市碳排放权交易制度研究报告 [J]．普洱学院学报，2017，33 (01)：7-10.

[132] 何英，张小全，刘云仙．中国森林碳汇交易市场现状与潜力 [J]．林业科学，2007 (07)：106-111.

[133] 曾以禹，吴柏海，周彩贤，陈峻崎．碳交易市场设计支持森林生态补偿研究 [J]．农业经济问题，2014，35 (06)：67-76.

[134] 张益纲，朴英爱．世界主要碳排放交易体系的配额分配机制研究 [J]．环境保护，2015，43 (10)：55-59.

[135] 尤艳馨．构建我国生态补偿机制的国际经验借鉴 [J]．地方财政研究，2007 (04)：62-64.

[136] 赵玉山，朱桂香．国外流域生态补偿的实践模式及对中国的借鉴意义 [J]．世界农业，2008 (04)：14-17.

[137] 张文珺，Michael Klaus，蔡玉梅．德国生态补偿的评估方法和措施 [J]．中国土地，2018 (07)：49-51.

[138] 刘强，彭晓春，周丽璇．巴西生态补偿财政转移支付实践及启示

[J]. 地方财政研究, 2010 (08): 76-79.

[139] 丁敏. 哥斯达黎加的森林生态补偿制度 [J]. 世界环境, 2007 (06): 66-69.

[140] 肖庆文. 长江经济带生态补偿机制深化研究 [J]. 科学发展, 2019 (05): 74-85.

[141] 董战峰, 李红祥, 璩爱玉, 葛察忠. 长江流域生态补偿机制建设: 框架与重点 [J]. 中国环境管理, 2017, 9 (06): 60-64.

[142] 赵雨森. 进一步完善重点生态功能区生态补偿机制 [N]. 人民政协报, 2019-12-09.

[143] 王树华. 长江经济带跨省域生态补偿机制的构建 [J]. 改革, 2014 (06): 32-34.

[144] 廖小明. 加快完善草原可持续有效生态补偿机制 [N]. 学习时报, 2020-01-01 (004).

[145] 普雷姆詹德. 公共支出管理 [M]. 王卫星, 译. 北京: 中国金融出版社, 1995.

[146] 洪富艳. 生态文明与中国生态治理模式创新 [M]. 北京: 中国致公出版社, 2011.

[147] 唐斌. 地方政府生态文明建设绩效评估的体系构建与机制创新研究 [D]. 湘潭: 湘潭大学, 2017.

[148] 王军锋, 吴雅晴, 关丽斯, 邱野. 国外环境政策评估体系研究——基于美国、欧盟的比较 [J]. 环境保护科学, 2016, 42 (01): 41-47.

[149] 吴健. 环境经济评价 [M]. 北京: 中国人民大学出版社, 2012.

[150] 佟岩. 我国生态环境监察机构监督机制的完善 [J]. 山西省政法管理干部学院学报, 2020, 33 (02): 36-38.

[151] Altamuro J L, Beatty A. How does internal control regulation affect financial reporting? [J]. Jounal of Accounting and Economics, 2010, 49 (1): 58-74.

[152] 王光远. 中美政府内部控制发展回顾与评述——兼为《联邦政府内部控制》(中文版) 序 [J]. 财会通讯, 2009 (34): 6-10.

[153] 谢海燕. 生态环境管理体制改革顶层设计——基于政府、市场、

公众三维视角 [J]. 中国经贸导刊, 2014 (28): 61 -63.

[154] 解振华. 深入推进新时代生态环境管理体制改革 [J]. 中国机构改革与管理, 2018 (10): 6 -11.

[155] 郄建荣. 中国生态环境法律法规框架体系已基本形成 [N]. 法治日报, 2020 -11 -06.

[156] 罗念, 付炫平. 加强地方环境立法 助推长江经济带实现生态优先的发展——基于湖北省环境立法现状的分析 [J]. 长江论坛, 2018 (04): 27 -32.

[157] 吴良志. 论优质生态产品有效供给的法治保障 [J]. 学习与实践, 2020 (05): 84 -89.

[158] 操小娟. 合作治理的法律困境和出路 [J]. 武汉大学学报 (哲学社会科学版), 2008 (02): 250 -255.

[159] 于君刚. 我国生态补偿法律制度体系的构建研究 [J]. 兰州教育学院学报, 2019, 35 (12): 150 -152, 155.

[160] 李天建. 发挥生态治理中财政政策的导向作用 [N]. 中国社会科学报, 2017 -08 -30 (007).

[161] 刘伟. 促进生态文明建设的财税政策 [J]. 行政管理改革, 2018 (01): 28 -34.

[162] 巨文慧, 孙宏亮, 杨文杰, 续衍雪, 郜志云, 刘海龙. 关于流域生态补偿中央财政资金分配的思考 [J]. 环境与可持续发展, 2020, 45 (05): 170 -173.

[163] 欧阳洁, 张静堃, 张克中. 促进生态创新的财税政策体系探究 [J]. 税务研究, 2020 (09): 105 -110.

[164]《完善生态保护的财税政策研究》课题组, 秦凤翔, 余贞利, 孙维, 张诗宇, 张鹏, 陈泖然, 陈格楠, 蒋雪峰, 赵志伟, 吴胜泽, 罗强, 王瑛珲. 完善生态保护的财税政策研究 [J]. 中国财政, 2014 (15): 11 -14.

[165] 朱桂香. 国外流域生态补偿的实践模式及对我国的启示 [J]. 中州学刊, 2008 (05): 69 -71.

[166] 史丹, 吴仲斌, 杜辉. 国外生态环境补偿财税政策的实践与借鉴 [J]. 经济研究参考, 2014 (27): 34 -38.

[167] 李忠. 长江经济带生态产品价值实现路径研究 [J]. 宏观经济研究, 2020 (01): 124-128, 163.

[168] 田金莹, 崔冠文. 关于完善我国环境税收制度的分析研究 [J]. 财会学习, 2017 (20): 7-8.

[169] 周中明. 完善我国绿色金融政策支持体系的探讨 [J]. 华北金融, 2017 (07): 73-76.

[170] 陈凯. 绿色金融政策的变迁分析与对策建议 [J]. 中国特色社会主义研究, 2017 (05): 93-97, 112.

[171] 张红. 论绿色金融政策及其立法路径——兼论作为法理基础的"两型社会"先行先试权 [J]. 财经理论与实践, 2010, 31 (02): 125-128.

[172] 马骏. 中国绿色金融的发展与前景 [J]. 经济社会体制比较, 2016 (06): 25-32.

[173] 林远, 张莫. 多地紧锣密鼓构建绿色金融体系 [N]. 经济参考报, 2017-08-24.

[174] 魏丽莉, 杨颖. 中国绿色金融政策的演进逻辑与环境效应研究 [J]. 西北师大学报 (社会科学版), 2020, 57 (04): 101-111.

[175] 张伟. 发挥绿色金融在生态产品价值实现中的作用 [J]. 中国水运, 2018 (07): 10-11.

[176] 娄靖. 我国绿色金融发展现状与政策建议 [J]. 时代金融, 2019 (23): 26-27.

[177] 潘锡泉. 绿色金融在中国: 现实困境及应对之策 [J]. 当代经济管理, 2017, 39 (03): 86-89.

[178] 文秋霞, 杨姝影, 张晨阳, 刘智超. 突破瓶颈完善绿色金融政策体系 [J]. 环境经济, 2018 (22): 48-51.

[179] 夏鹏, 王德杰, 胡卉明. 生态产品价值实现路径及政策建议 [J]. 中国土地, 2020 (05): 28-30.

[180] 李宏伟. 实现生态公共产品价值市场化路径有哪些 [N]. 光明日报, 2020-08-24.

[181] 秦颖, 曾贤刚, 许志华. 基于PPP模式推动生态产品供给侧改革 [J]. 干旱区资源与环境, 2018, 32 (04): 7-12.

[182] 丘水林，靳乐山．生态产品价值实现的政策缺陷及国际经验启示[J]．经济体制改革，2019 (03)：157 - 162.

[183] 李佐军，黄俊勇．做好核算为生态产品价值实现奠定基础 [N]．中国环境报，2020 - 10 - 09 (003).

[184] 刘薇．市场化生态补偿机制的基本框架与运行模式 [J]．经济纵横，2014 (12)：37 - 40.

[185] 雷明军，黄鹤鸣，周国勇．长江流域生态敏感区信息共享平台建设探讨 [J]．人民长江，2012，43 (19)：82 - 84，93.

[186] 朱琦，周军，宋旭娜．以信息化手段助推长江经济带环境管理精准化的思考 [J]．环境保护，2018，46 (05)：47 - 50.

[187] 曹越．大数据技术在生态环境保护中的应用价值研究 [J]．环境科学与管理，2020，45 (11)：26 - 30.